Atom Egoyan et la diaspora arménienne
Génocide, identités, déplacements, survivances

Logiques sociales
Collection dirigée par Bruno Péquignot

En réunissant des chercheurs, des praticiens et des essayistes, même si la dominante reste universitaire, la collection « Logiques Sociales » entend favoriser les liens entre la recherche non finalisée et l'action sociale.

En laissant toute liberté théorique aux auteurs, elle cherche à promouvoir les recherches qui partent d'un terrain, d'une enquête ou d'une expérience qui augmentent la connaissance empirique des phénomènes sociaux ou qui proposent une innovation méthodologique ou théorique, voire une réévaluation de méthodes ou de systèmes conceptuels classiques.

Dernières parutions

Béatrice JEANNOT-FOURCAUD, Antoine DELCROIX, Marie-Paule POGGI (dir.), *Contextes, effets de contextes et didactique des langues*, 2014.
Yannick BRUN-PICARD, *Plus loin que le développement durable : la durabilité*, 2014.
Jean-Michel LE BOT, *Eléments d'écologie humaine*, 2014.
Claude GIRAUD, *Qu'est-ce qui fait société ?*, 2014.
Nicole ROELENS, *Manifeste pour la décolonisation de l'humanité femelle. Tome 4 : poussées d'émancipation et violences colonisatrices*, 2014.
Khosro MALEKI, *Introduction à la sociologie du mécontentement social*, 2014.
Jean PENEFF, *Howard S. Becker. Sociologue et musicien dans l'école de Chicago*, 2014.
Jean-Michel BESSETTE, *Être socio-anthropologue aujourd'hui ?*, 2014.
Alexandre DAFFLON, *Il faut bien que jeunesse se fasse ! Ethnographie d'une société de jeunesse campagnarde*, 2014.
Jean PENEFF, *Howard S. Becker. Sociologue et musicien dans l'école de Chicago*, 2014.
Dominique MARTIN, *Relations de travail et changement social*, 2014.
Thomas PIERRE, *L'action en force et les forces en action. Sociologie pragmatique des forces*, 2014.
Jean FERRETTE (dir.), *Souffrances hiérarchiques au travail. L'exemple du secteur public*, 2014.

Nellie Hogikyan

ATOM EGOYAN ET LA DIASPORA ARMÉNIENNE
Génocide, identités, déplacements, survivances

© L'Harmattan, 2015
5-7, rue de l'Ecole-Polytechnique, 75005 Paris

http://www.harmattan.fr
diffusion.harmattan@wanadoo.fr
harmattan1@wanadoo.fr

ISBN : 978-2-343-05113-0
EAN : 9782343051130

À la mémoire de mon père et aux membres de sa famille dispersés aux quatre coins du monde.

Remerciements

Je tiens à remercier tout d'abord Livia Monnet, directrice de ma thèse de doctorat sur Atom Egoyan et la diaspora arménienne, pour sa générosité, son ouverture et son soutien continu. Je remercie aussi, Janine Altounian, Hélène Piralian, Aurélia Klimkiewicz, Arpi Hamalian, Sima Aprahamian, Marie-Aude Baronian, Waltraude Gudrian, Samuel Torello et Michel Peterson pour l'intérêt qu'ils portent à mes travaux ainsi que pour leurs différentes contributions au développement de cet ouvrage.

Avant-propos

La survivance d'une culture ne peut se trouver que dans une autre culture[1].

Éclectique, fragmentaire, et multi/intermédiale, la production artistique d'Atom Egoyan incarne l'esprit diasporique par excellence. Malgré cette dispersion symptomatique de la culture survivante, ou peut-être grâce à elle, le travail d'Egoyan maintient une continuité et une cohérence percutantes. En effet, parmi son œuvre cinématographique, nous pouvons identifier un genre spécifique au cinéaste, celui du post-exil, mettant en scène les structures émotives de la dissociation que seules l'itération et la mêmeté de ses acteurs et actrices pourront transmettre. Les affects du manque et de la perte dans le monde d'Egoyan produisent des effets structurants. Ce paradoxe de l'itération des mêmes personnages diasporiques d'une part, et des histoires d'absence d'autre part, est au cœur des problématiques chères au cinéma égoyanesque.

Cet ouvrage s'inspire principalement de ma thèse de doctorat que j'ai rédigée à l'heure des ébats et des débats sur le multiculturalisme et l'interculturalisme dans le contexte de l'immigration canadienne. Dans cette thèse intitulée *L'imaginaire post-exilique d'Atom Egoyan : Dissociation et transmission sur quatre générations de la diaspora arménienne* et soutenue à l'Université de Montréal

---

1 Janine Altounian, *L'intraduisible. Deuil, mémoire, transmission* […], 2005.

en 2007, je me suis limitée à l'analyse des quatre longs-métrages dans lesquels le cinéaste filme, ouvertement et parfois moins ouvertement, les diverses représentations des identités de la diaspora arménienne, mais toujours dans un Canada multi/interculturel. Il s'agit de *Next of Kin* (1984), *Family Viewing* (1987), *Calendar* (1993) et *Ararat* (2002). M'appuyant pour l'essentiel sur la réflexion de l'essayiste française d'origine arménienne Janine Altounian au sujet de la diaspora arménienne post-génocidaire, je me propose alors d'examiner la culture survivante arménienne à travers sa transmission discontinue que donne à voir Egoyan. Ainsi, j'aimerais démontrer comment Egoyan apporte à l'écran les réalités d'une hybridité indispensable ou, dans les mots de Janine Altounian, d'un « métissage nécessaire » à partir duquel pourront être transmis les restes de sa culture d'origine. Et finalement, j'aimerais avancer que les personnages d'Egoyan expriment un attachement non pas à un pays perdu, mais à la famille disparue.

La présente étude, par la force de son insertion dans le contexte psycho-socio-historique du Canada et de la diaspora –c'est-à-dire, dans le reste du monde–, n'a cessé de s'ouvrir aux réalités qui l'entourent mais aussi, cette étude, si ancrée dans le réel, n'a arrêté de se déplacer au niveau d'un imaginaire qui puisse la contenir. Un contexte reste ouvert, dit Derrida. Au début de mes recherches sur le cinéma d'Atom Egoyan, mon corpus lui-même laissait entendre une ouverture quant aux questions de l'identité et de l'appartenance. Avec les trois premiers films qu'Egoyan a réalisés sur les questions de l'identité au sujet de la diaspora arménienne (*Next of Kin* 1984, *Family Viewing* 1987 et *Calendar* 1993), j'étais partie pour une thèse unilatérale, car ces trois films, en tant qu'ensemble, présentaient une dissociation quasi totale d'une histoire qui constitue tout de même ses personnages. Cette histoire avait du mal à se filmer, ou à s'intégrer dans l'expérience vécue des protagonistes diasporiques dans la société canadienne des années quatre-vingt et quatre-vingt-dix.

La parution tardive – presque dix ans après *Calendar* et vingt ans après *Next of Kin* –du long-métrage *Ararat* en 2002 m'a incitée à boucler mon corpus avec une nouvelle vision découverte chez Egoyan, celle de la transmission par diverses manifestations artistiques de l'Histoire jusqu'alors occultée, soit l'histoire du génocide des Arméniens de 1915 et les conséquences de son déni sur les nouvelles générations post-génocidaires.

Ainsi, mon étude s'insère en plein questionnement sur la production culturelle de l'exil et de la diaspora dans le contexte de l'immigration canadienne à portes ouvertes. Ce sont mes analyses des textes des différentes générations de la diaspora arménienne, ainsi que des récits d'autres artistes canadiens issus de diverses communautés culturelles contemporaines d'Egoyan qui m'ont amenée à établir une distinction entre l'expérience exilique et celle que j'ai nommée post-exilique. La question des différences générationnelles était, à mon sens, la clé, le facteur majeur pour déterminer le vécu des membres des familles diasporiques eu égard à leur appartenance à la culture ou au pays d'origine. Il m'était évident que la deuxième ou troisième génération d'une diaspora, née et élevée dans le pays d'accueil et héritière d'un exil ou d'une catastrophe collective, se tenait nécessairement à une distance importante tout en étant hantée par ce passé particulier, distance que souvent les parents exilés ne pouvaient établir en tant que réfugiés ou immigrants, mais surtout en tant que survivants d'un génocide.

Ce sont mes interrogations sur l'expérience et sur la problématique du post-exil qui rejoignaient celles du cinéaste Atom Egoyan à travers les jeunes personnages qu'il a mis en vedette et qui ont motivé mon choix de ce corpus spécifique des quatre longs-métrages réalisés sur une période de vingt ans et ponctuant une œuvre artistique éclectique mais on ne peut plus cohérente dans son intérêt aux affects de l'absence et de la perte d'une part, et de la transmission et de l'archivage d'autre part.

Dans le premier chapitre, en guise d'introduction, j'ai situé l'œuvre d'Egoyan dans les discours de la diaspora arménienne ainsi que dans les discours postnationalistes et postethniques des années quatre-vingt et quatre-vingt-dix en général. Dans un premier temps, je me suis référée aux travaux des deux historiens canadiens d'origine arménienne, Isabel Kaprielian-Churchill et Razmik Panossian ainsi qu'aux travaux des théoriciennes et théoriciens français entre autres, l'essayiste et traductrice des *Œuvres complètes* de Freud Janine Altounian, le philosophe et arménologue Marc Nichanian, l'anthropologue Martine Hovanessian et la psychanalyste Hélène Piralian. À partir de cet ensemble de travaux qui émanent de diverses disciplines, il était possible de rendre compte des phénomènes de distanciation, de dissociation et de (non)-transmission abordés dans les films diasporiques d'Egoyan. Dans un premier temps, j'ai retenu, aux fins de mon étude, que la diaspora arménienne a comme racines « un effondrement brutal des références[2] » du pays d'origine. Dans un deuxième temps, et de ce fait même, que la diaspora arménienne constitue une « altérité radicale qui n'émane pas de déplacements normalisés[3] ». Ici, l'exil et l'immigration concernent un déracinement total de réfugiés, de déportés, de rescapés qui sont pour la plupart des orphelins. La condition de cette première immigration issue du génocide de 1915 était donc « irrationnelle [...] car elle s'adjoint le sentiment d'une dépossession totale, ne cadre pas avec les schémas classiques des mouvements migratoires, à savoir leur mobilité hésitante entre une société d'origine et un pays d'accueil[4] ».

Dans un même ordre d'idées, Martine Hovanessian note que l'extériorité des Arméniens de France des réalités migratoires dominantes faisait en sorte qu'il y avait une absence d'intérêt sociologique pour les Arméniens à cette époque (1920-1960's).

---

2 Janine Altounian, « *Ouvrez-moi seulement les chemins d'Arménie* » [...], p. 226.
3 Martine Hovanessian, *Le lien communautaire* [...], p. 42.
4 Martine Hovanessian, *Le lien communautaire* [...], p. 42.

Cette même non-reconnaissance ou cette exclusion du texte culturel dominant s'applique aussi dans le cas des Arméniens du Canada avant la reconnaissance officielle du génocide arménien par le gouvernement de Stephen Harper en 2004. Ainsi, Egoyan dit dans une entrevue en 1987:

> One of the advantages of working with the Armenian language or the Armenian culture is that it is, for most people, not something that can be easily identified, and that allows me the luxury of being able to treat it almost on a metaphorical level[5].

D'où la portée universelle de la scénarisation et la signification de l'histoire du génocide et de l'immigration. En effet, les premiers longs-métrages d'Atom Egoyan se situent dans un cadre postmoderniste où perte, aliénation, et dissociation font partie d'une condition généralisée. Les personnages de *Speaking Parts* (1989), par exemple, sont déconnectés du passé, voire de la réalité, la seule réalité possible étant celle qu'ils construisent par et à travers l'image. Très tôt dans son œuvre, Egoyan crée des personnages qui cherchent à trouver une connexion quelconque avec leur passé – ce qui se fait à travers les diverses représentations médiales (vidéo, super-8, mise en abyme, etc.). Paradoxalement, ces représentations ont pour fonction d'accentuer l'aliénation et la dissociation. Le passé n'existe qu'en tant que représentation ; il ne peut figurer dans la vie des personnages que sous forme séparée, encryptée, cachée. Dans un chapitre intitulé « Le souvenir des morceaux épars », Jacinto Lageira insiste sur le mouvement mécanique de l'image dans les quatre premiers longs-métrages d'Egoyan. Il maintient que l'image chez Egoyan a comme fonction de fixer les souvenirs des personnages : « ils parlent peu… comme s'ils voulaient les refouler…[6] » Le cas extrême qui incarne ce silence est représenté par la figure de la grand-mère muette de

---

5   Atom Egoyan, « The Alienated Affections of Atom Egoyan » […], p. 14-19.
6   Jacinto Lageira, « Le souvenir des morceaux épars » […], p. 33.

Family Viewing : elle ne peut plus parler, elle ne transmet aucun savoir, aucune parole. Nous sommes ici face à une désincarnation de l'expérience langagière ; quelque chose n'est pas parlé, n'est pas dit, manque à se faire formuler.

Par ailleurs, l'absence de figuration d'un pays d'origine dans les dix premières années de la carrière d'Egoyan (il est question de l'effacement d'un pays auquel il est impossible de retourner et qui est impossible à imaginer en tant que pays – l'Arménie du génocide n'existe plus) est symbolique de la coupure d'avec un passé associé aux mythes fondateurs perpétués par l'État. De plus, le thème récurrent de l'absence de membres de famille (manquants ou à jamais disparus) parle de cette perte généralisée et persistante, qui se reproduit et se répète dans la reconstruction de l'identité des personnages égoyanesques postmodernes.

Ces questions d'absence et de déconnexion au niveau de l'identité diasporique arménienne interpellaient mes réflexions de près : Après tout, dans un Canada en pleine politique multiculturelle, comment se fait-il qu'une identité culturelle, en l'occurrence arménienne, n'arrivait pas à se nommer ou à s'intégrer ? Et en même temps, comme si pour justifier cette coupure d'avec son passé ethnique, le cinéaste lui-même supprime le suffixe arménien *-yan* de son nom de famille pour en produire une version anglaise, soit *Ego* au lieu de Egoyan, comme nom pour sa compagnie de production *Ego Film Arts*. C'est la problématique de la contradiction et de la complexité autour de cette identité qui constituait ma principale interrogation : dans les années quatre-vingt, dans un pays qui a comme politique officielle la préservation de la culture d'origine, l'identité ethnique pouvait se prêter à l'effacement par l'autorité médiatique, incarné par le père WASP, comme nous donne à voir le deuxième film que j'ai analysé ici, soit *Family Viewing*.

Dans un autre registre, ma curiosité avait aussi été piquée par une sorte d'exclusion du texte principal, de mise sous silence formelle ou plus spécifiquement, d'une mise en marge de l'histoire arménienne dans la littérature critique sur les deux premiers films mentionnés. Jonathan Romney renvoyait par exemple en note de bas de page le fait arménien, perpétuant la subordination et la dissociation mises en scène par le cinéaste[7].

Par ailleurs, le manque de (re/-)connaissance de l'identité diasporique arménienne posait quelques problèmes fondamentaux, comme lorsque l'un des premiers critiques, Timothy Shary (1995) dans son article « Video As Accessible Artifact and Artificial Access : The Early Films of Atom Egoyan », écrit faussement que la famille dans *Next of Kin* vient d'Arménie (il faut entendre Arménie ex-soviétique comme seule Arménie possible). Ceci présuppose une continuité étatique, historique et culturelle là où il n'y en a point pour la diaspora. De plus, dans ce film, le peu de faits historiques que le père relate au fils-substitut se réfèrent à l'histoire de l'Égypte des années soixante – le véritable pays natal des parents d'Egoyan et où il est né lui-même – et ne peuvent se référer à l'histoire politique de l'Arménie.

Ces détails sont importants dans le sens où ils sont constitutifs de l'identité diasporique arménienne mais aussi dans la mesure où ils agissent sur la construction des identités et des relations interculturelles au Canada. Évidemment, la question n'est pas de mettre en spectacle les différences d'habits et de danse comme le reprochent les critiques de la politique du multiculturalisme. D'ailleurs, dans un sketch intitulé *En passant* et qui fait partie d'un film à six épisodes sur la ville de Montréal[8], Egoyan satirise l'affichage et la performativité des identités culturelles et met en scène le simplisme et la platitude des signes et des étiquettes. L'important, me semble-t-il, et je pense que les films d'Egoyan voudraient le mettre en avant, c'est la prérogative suivante : Si nous devons vivre ensemble dans un Canada multi- et interculturel, nous devons par respect et par la force des choses nous connaître nous-mêmes aussi bien que connaître les autres.

---

7 Jonathan Romney, *Atom Egoyan. World Director Series* […], p. 192, note n°4.
8 Dans *Montréal vu par – six variations sur un thème* […].

Connaître notre histoire et connaître l'histoire de chacun, voilà la condition vers une citoyenneté universelle. Le théoricien Homi Bhabha a posé la question sous la menace du terrorisme au lendemain du 11 septembre 2001 : « Do you know who your neighbour is ?[9] » (Connais-tu ton voisin ?). Dans le Canada d'aujourd'hui, les histoires de chacun ne peuvent plus rester en marge des textes culturels populaires ou canonisés.

Ainsi, *Ararat* d'Egoyan (2002) vient inscrire l'histoire du génocide arménien jusqu'alors occultée et réparer les conséquences du silence et du déni de la part des autorités responsables. Dans cette optique, les deux chapitres consacrés à *Ararat* dans cet ouvrage (chapitres 5 et 6) abordent trois thèmes principaux : structures de la dissociation/mise en abyme filmique, trauma et survivance et enfin, l'acte politique de l'inscription de l'histoire de la diaspora arménienne dans le discours officiel canadien[10].

---

9 Communication au colloque *Mondialisation et postcolonialisme*, Musée d'art contemporain, Montréal, 5 octobre 2001.
10 Notons que ce geste se fait déjà pressentir dans le premier film analysé dans cette étude, soit *Next of Kin* (1983), où les parents arméniens et leur fille révoltée sont en psychothérapie, et le thérapeute invite les parents à confronter le passé, à l'inscrire dans leur présent canadien. Pour penser avec Homi Bhabha je dirais alors : « Connais-tu tes proches parents ? ».

Chapitre I

Introduction : Atom Egoyan. Exil, post-exil et la diaspora arménienne

Les premiers longs-métrages d'Atom Egoyan se situent dans un cadre postmoderniste où perte, aliénation, et dissociation font partie d'une condition généralisée. Les personnages de *Speaking Parts* (1989), par exemple, sont déconnectés du passé, voire de la réalité, la seule réalité possible étant celle qu'ils construisent par et à travers l'image. Egoyan a su utiliser les images pour restaurer, mais en même temps distancier, un ordre symbolique perdu à travers la systématisation de la fragmentation et la technique de la répétition. Très tôt dans son œuvre, Egoyan crée des personnages qui cherchent à trouver une connexion quelconque avec leur passé – ce qui se fait à travers les diverses représentations médiales (vidéo, super-8, mise en abyme, etc.). Paradoxalement, ces représentations ont pour fonction d'accentuer l'aliénation et la dissociation. Le passé n'existe qu'en tant que représentation ; il ne peut figurer dans la vie des personnages que sous forme dissociée. Dans *Esthétique et schizophrénie*, Clotilde Simond étire l'analyse de cette dimension de la déconnexion du passé jusqu'à la qualifier de schizophrénie. Analysant le long-métrage *Family Viewing*, elle maintient que ce film, même s'il ne met pas en scène des personnages schizophrènes, « il engage, d'une manière et d'une autre, un processus schizophrénique[1] ».

L'absence de figuration d'un pays d'origine dans les dix premières années de la carrière d'Egoyan (il est question d'un effacement d'un pays auquel il est impossible de retourner et qui est impossible à imaginer en tant que pays – l'Arménie du génocide n'existe plus) est symbolique de la coupure d'avec un passé associé aux mythes fondateurs. De plus, le thème récurrent de l'absence de membres de famille (manquants ou à jamais disparus) parle de cette perte généralisée et persistante, qui se reproduit et se perpétue dans la reconstruction de l'identité des personnages égoyanesques postmodernes.

Cependant, la production cinématographique qu'entretient Egoyan parallèlement à ce qu'on a défini comme principalement postmoderne essaie de faire du sens, de nommer et d'inscrire ces réalités qui hantent son expression artistique postmoderne : la perte, la dissociation, la fragmentation auront une signification politique et historique importante. Cet ouvrage suivra l'histoire et l'évolution complexes de la réflexion d'Atom Egoyan sur ces phénomènes issus d'un exil radical qui constituent et façonnent l'époque contemporaine.

1.1. Le cadre théorique : l'exil au pluriel[2]

La diversité des contextes socio-culturels, historiques et politiques à l'ère de la mondialisation ainsi que la complexité du Sujet

---

1 Clotilde Simond, *Esthétique et schizophrénie* […], p. 8.
2 Cette section, légèrement modifiée, est tirée de l'introduction de l'anthologie *Femmes et exils : formes et figures* que j'ai co-dirigée avec Dominique Bourque. J'aimerais exprimer ma reconnaissance envers ma collègue et co-éditrice de *Femmes et exils* pour les échanges qui ont contribué à enrichir la rédaction de cette section. Je tiens aussi à remercier Monsieur Denis Dion, le directeur des Presses de l'Université Laval où est paru *Femmes et exils : formes et figures*, d'avoir accepté la reproduction de cette section dans le présent cadre.

contemporain nous incitent à parler de l'exil au pluriel. Il est donc inévitable de modifier les catégorisations et les nominations des différentes formes et différents vécus de l'exil. Mais avant de passer aux nouveaux paradigmes de l'exil, il est important de donner un bref aperçu des théories proposées dans les études sur l'exil en général. La première classification de l'exil est celle de Paul Tabori qui distingue clairement l'exil spatial de l'exil temporel. Dans son étude intitulée *The Anatomy of Exile* (1972), Tabori situe aux siècles préhistoriques (autour de l'an deux mille avant Jésus-Christ) la première figure exilique documentée, soit Sinuhe. Cet exil est relaté autour de l'an 2000 A.C. dans un papyrus égyptien[3]. Selon Tabori, l'exil politique date, lui, de l'époque primitive et concerne l'expulsion des terres natales. L'auteur poursuit son survol historique du phénomène en notant que la perception de l'expérience exilique connaît des transformations importantes à travers les différentes époques. La notion de l'expulsion du *territoire d'origine* cède progressivement la place à un décentrement par rapport à une *nation*[4].

À la notion de dislocation géographique (éloignement du territoire et de l'État-Nation), vient donc s'ajouter celle de disjonction temporelle. Analysant les écrits de l'essayiste exilé d'origine polonaise, Josef Wittlin, Tabori avance que l'exilé est un Sujet privé de son temps, c'est-à-dire du temps qui poursuit une continuité dans le pays natal[5]. Il précise que celui-ci vit en fait dans deux temporalités simultanément : celle du passé (le temps du pays quitté) et celle du présent (le temps du pays d'accueil)[6].

Edward Said célèbre cette simultanéité intrinsèque de la condition exilique qu'il qualifie de « contrapuntique ». Dans son essai séminal « Réflexions sur l'exil », le théoricien écrit :

---

3 Paul Tabori, *The Anatomy of Exile: A Semantic and Historical Study* […], p. 43.
4 *Ibid.*, p. 87 ; c'est moi qui souligne.
5 *Ibid.*, p. 32.
6 *Idem.*, p. 32.

> La plupart des gens ont conscience d'une culture, d'un environnement, d'un pays ; les exilés en connaissent au moins deux, et cette réalité les rend conscients qu'il existe des dimensions simultanées[7].

Poursuivant sa réflexion, Said affirme que cette position duelle incite à une « solidarité sensible » et à la capacité d'atténuer le degré des préjugés[8]. En ce sens, l'exil peut offrir un espace libéré des fausses attaches et ouvrir un nouvel imaginaire de co-habitation des cultures.

Paul Ilie, quant à lui, préfère étudier les structures internes de l'exil. Dans son ouvrage *Literature and Inner Exile*, il maintient que les lieux géographiques sont d'une importance secondaire :

> If exile manifests its own psychology and ethic, do these manifestations necessarily stem from physical separation only ? I would contend that exile is a state of mind whose emotions and values respond to separation and severance as conditions in themselves. To live apart is to adhere to values that do not partake in the prevailing values ; he who perceives this moral difference and who responds to it emotionally lives in exile[9].

Pour Ilie, il n'y a donc pas de différences significatives entre l'exilé venu d'ailleurs et l'exilé intérieur, les deux partageant les mêmes lieux physiques mais se sentant aliénés pareillement.

Michæl Seidel, quant à lui, propose une théorisation de l'écriture exilique plutôt que de l'expérience concrète de l'exil ou de l'existence matérielle à laquelle renvoie le vécu exilique. Dans *Exile and the Narrative Imagination* (1986), Seidel examine les

---

7 Edward W. Said, « Réflexions sur l'exil » […], p. 256. Paru pour la première fois en langue anglaise en 1984 dans la revue britannique d'avant-garde, *Granta*.
8 *Idem*., p. 256.
9 Paul Ilie, *Literature and Inner Exil: Authoritarian Spain, 1939-1975* […], p. 2.

représentations littéraires de l'exil et identifie un lien « nécessaire » entre la condition exilique et l'instance créatrice en matière de fiction : « Exilic necessity derives from exilic anxiety [...]. It is almost as if the imagination requires the impediments of time or distance to activate it[10] ». Dans cette perspective, la perte dévastatrice occasionnée par la situation exilique permet au sujet écrivant de se réinventer, de devenir un nouvel être[11].

Travaillant sur des œuvres exiliques des littéraires sud-américains, Sophia A. McClennen (2004) investigue, dans *The Dialectics of Exile*, la théorisation de la notion de l'exil. Son étude rend justice aux diverses conceptions du terme « Exil », mais s'attache strictement aux écrits exiliques vacillant entre deux pôles. Il s'agit de l'expression, d'une part, d'une obsession pour le pays d'origine et d'autre part, du dépassement de cette condition concrète d'exil géographique, donc l'intériorisation d'une métaphore exilique qui permet la création littéraire libératrice. Les analyses de McClennen circonscrivent cette vision binaire et démontrent comment la production littéraire exilique est le résultat de tensions entre toute une gamme de contradictions : le pays quitté et le transnationalisme, le passé et le présent, le désir de conserver et la libération. L'auteure constate :

> Reading a number of texts from Spain and Latin America by exiled writers, I found that rather than favor one side of a binary, many texts actually presented both sides of these dialectics in irresolvable tension. [...] I use these cases to argue for a theory of exile writing that reflects these tensions and refuses to overemphasize only one facet of the exile's complex cultural condition[12].

---

10 Michael Seidel, *Exile and the Narrative Imagination* [...], p. 5 ; (« artistic virtue of exilic necessity »).
11 *Ibid.*, p. x-xii.
12 Sophia A. McClennen, *The Dialectics of Exile* [...], p. 2.

1.1.1. Les nouveaux paradigmes de l'exil[13]

Les théoriciens du domaine de la globalisation reconnaissent la double allégeance du sujet exilé ainsi que celle de ses descendants, voire, souvent, ses multiples appartenances. Arjun Appadurai note par exemple que de nos jours, la construction du sens de l'appartenance au territoire est liée à d'autres territoires, ainsi qu'à d'autres mémoires culturelles[14], dans la mesure où, de plus en plus, le sujet a des rapports plus ou moins intimes avec des histoires, avec des groupes humains à distance. À la fin du vingtième siècle, la notion de l'exil est étudiée dans un contexte de pluralité, soit dans un paysage social d'hybridité culturelle et de métissage. Une fois généralisée comme condition « normalisée » de la mondialisation, l'exil devient indissociable de la cohabitation des cultures. Dans cette perspective, le paradigme exilique s'élargit pour inclure des expériences post-exiliques et diasporiques. En plus, le champ des études culturelles s'étend pour inclure les productions cinématographiques et artistiques de l'exil et de la diaspora. Des ouvrages tels que *Home, Exile, Homeland : Film, Media, and the Politics of Place* ainsi que *An Accented Cinema : Exilic and Diasporic Filmmaking* du même auteur (Hamid Naficy 1999 ; 2001) présentent des paradigmes identitaires qui incluent, mais dépassent aussi les formes et les structures de l'exil classique qu'ont étudiées précédemment les théoriciens dans les œuvres littéraires. Ce renouveau culturel que l'on rencontre dans la littérature diasporique, dans le cinéma et dans les arts interculturels au Canada a ouvert la voie à de nouveaux termes qui ont comme fonction de cerner et de nuancer la perception de l'exil. Les notions associées traditionnellement à l'exil (territoire, nation, pays) cèdent la place à des notions plurielles et transnationales, et l'on parle de l'exil dans les termes de transformations culturelles et de transmission intergénérationnelle.

---

13 Voir la note 2 plus haut.
14 Arjun Appadurai, *Modernity at Large : Cultural Dimensions of Globalization* […], p. 18.

1.1.2. Exil, diaspora, post-exil

> J'ai une obsession en ce qui concerne l'espace physique. Mais comme le passé, il est plus tangible à distance[15].

Ailleurs, j'ai introduit le terme de « post-exil[16] » pour nommer et distinguer les expériences de l'exil générationnel. Dans un chapitre intitulé « De la mythation à la mutation : structures ouvertes de l'identité », j'ai voulu faire valoir que :

> [L]es expériences teintées de paradoxes et d'anxiété chez les générations d'après-exil (toujours par rapport à un pays d'origine) semblent annoncer une nouvelle histoire de l'exil ; désormais, l'on peut parler de « post-exil », c'est-à-dire, lorsqu'un individu de la diaspora, né dans un pays autre que celui où sont nés ses parents, vit une relation complexe avec ses identités migratoires, avec une mémoire déplacée[17]».

Alexis Nouss, de son côté, écrit que « Le métissage fut fruit d'exil[18] ». Dans cette perspective, les racines, les mémoires culturelles, les histoires collectives et les lieux de l'appartenance proviennent tous d'un exil initial, qui n'est que le début de tout un cheminement vers une subjectivité singulière et libre des attaches prédéterminées. Il devient aussi nécessaire pour le sujet pluriel de retracer son propre « voyage » pour écrire sa propre histoire de l'exil. Dans un monde de plus en plus déterritorialisé, les

---

15 Marjorie Agosin, dans Mahnaz Afkhami, *Women in Exile* […], p. 145.
16 Michæl Seidel emploie le terme « postexilic eminence », qu'il emprunte à James Joyce (*Ulysses*, 1922) pour désigner la prolifération de l'imaginaire et de la remarquable faculté de création que permet l'expérience exilique (Seidel, op.cit., p. 2). Notons que l'emploi du terme « postexilic » chez Joyce et chez Seidel n'a aucun rapport avec la dimension générationnelle que j'aborde ici.
17 Nellie Hogikyan, « De la mythation à la mutation : structures ouvertes de l'identité » […], p. 58.
18 Alexis Nouss, « Expérience et écriture du post-exil » […], p. 23.

descendants des exilés œuvrent à la réappropriation de l'histoire exilique comme faisant partie de leur histoire familiale[19].

Toujours dans « Expérience et écriture du post-exil[20] », Alexis Nouss élabore davantage la distinction entre l'exil et le post-exil dans le cadre du métissage. Le théoricien souligne le dépassement de la catégorie de l'exil :

> Le monde actuel, sommé de régler ses arriérés postcoloniaux, trouve dans le métissage, en inversant les données précédentes, un éclairage nouveau quant à la question de l'exil. Celui-ci appelle une reconsidération car il déborde ses anciens paramètres [...][21].

Mais même si l'auteur argue que les tensions de l'exil classique sont à redéfinir, il reconnaît que « quels qu'en soient les degrés, [l'exil] est une même expérience de dépossession[22] ». Il maintient que les identités contemporaines comportent en elles des altérités qui ne sont pas nécessairement perçues comme conflictuelles, mais que l'altérité se présente dans « la complémentarité, voire l'intrication[23] ». Cette complexité, selon Alexis Nouss, permet la re-modulation de l'identité au lieu de rompre avec l'altérité.

Enfin, Nouss propose que les nouvelles identités post-exiliques, même si elles connaissent un enracinement certain sur la terre d'accueil de leurs parents, chosisissent un « transracinement volontaire[24] ».

Dans ce sens, les connexions géographique et historique constituent une histoire transgénérationnelle, et il revient à l'héritier de l'exil de se re-définir avec une distance critique qui permet

---

19 Pour une étude sur la question de la transmission transgénérationnelle au Québec, voir mon article intitulé « Le Québec à l'écoute : génocide, transmission et migration », *Journal international de victimologie*, n° 20, année 7, JIDV.com.
20 Alexis Nouss, « Expérience et écriture du post-exil » […], p. 23.
21 *Idem.*, p. 23.
22 *Ibid.*, p. 25.
23 *Ibid.*, p. 25.
24 *Ibid.*, p. 26.

la libération des dogmes de l'appartenance, tout en conservant ses traces. Ces observations ouvrent, en fait, la voie pour une nouvelle théorisation des paradigmes exiliques.

1.2. Exil et cinéma. Le post-exil chez Atom Egoyan

> Just as his father had grown distant from India; just as he himself had grown even further from the life that, in memory, his father had represented and then, later in life, from that which he himself had known on the island, so too had his eldest son gone beyond[25].

À l'âge de la globalisation et des déplacements de masse, l'imbrication des nations et des ethnicités, aussi bien que la fluidité des communications transnationales rendent la théorisation de l'exil et de la diaspora de plus en plus complexe. Les diasporas comprennent de multiples couches et diverses vagues de migrants ; et la production culturelle des artistes diasporiques se caractérise avant tout par le pluriel, l'hétérogène et le paradoxe. Les critiques et théoriciens du cinéma contemporain ont justement associé Atom Egoyan avec ces traits postmodernes, mais son film le plus étudié, *Calendar* (1993), par exemple, a été analysé surtout dans le contexte du genre cinématographique « exilique » et le genre « diasporique » vague et peu élaboré[26]. Pour mieux saisir les nuances identitaires que mettent en scène les cinéastes d'origine étrangère, dans *An Accented Cinema*, Hamid Naficy théorise le cinéma diasporique et le distingue du genre cinématographique exilique[27] ; pour lui, les deux genres sont à la fois distincts et imbriqués ; de plus, Naficy propose un genre « postcolonial » qu'il limite à l'identité ethnique composée (*hyphenated*). Plus proche de nous, Laura Marks a exploré le cinéma interculturel notamment

---

25 Neil Bissoondath, « Insecurity » […], p. 50.
26 Entre autres, Hamid Naficy 2001, Sylvie Rollet 1996 et Ron Burnett 1993 ont parlé de *Calendar* dans les termes d'un film exilique.
27 Hamid Naficy, *An Accented Cinema* […], p. 11-15.

dans la production culturelle des minorités canadiennes ; cependant, encore une fois, son étude se rapporte plutôt à la culture de l'immigration récente et non pas du point de vue des complexités générationnelles et géographiques des cultures et des expériences post-exilique et diasporique[28].

Cependant, à mon sens, la distinction entre ces deux genres cinématographiques exilique et diasporique n'est pas suffisante, surtout pour la théorisation de l'œuvre complexe d'Egoyan. La diversité et la richesse des contextes socio-culturels, historiques et politiques des différentes diasporas nous obligent à parler de l'exil au pluriel. Les expériences de l'exil des générations qui lui sont postérieures diffèrent de façon importante de celles l'ayant vécu directement. Comment s'expriment les différentes générations d'une diaspora ? La production culturelle diasporique fait partie des cultures globalisées transnationales et se distinguent de façon nette des productions locales et nationales. À l'âge des déplacements de masse et des migrations intensifiées et accélérées, il est nécessaire d'articuler les différences qui existent à l'intérieur de la culture diasporique même. Les expériences des générations d'après l'exil annoncent de nouvelles histoires du déplacement et de la diaspora ; il serait alors temps de réviser les catégorisations des genres migratoires et diasporiques telles qu'elles se présentent dans les œuvres des artistes en déplacement.

Les problématiques émanant du contexte du déplacement d'une part et de la technologisation d'autre part soulèvent des questions telles que : Quand est-ce qu'un artiste cesse d'être un exilé ? Et si l'exil ne constituait pas l'expérience directe de l'artiste diasporique ? Comment est-ce que l'intégration au nouveau pays – le pays autre que celui où sont nées et élevées les générations précédentes – influence la relation des nouvelles générations aux questions de l'origine ? Enfin, de quelles manières les liens

---

28 Laura Marks, *The Skin of the Film : Intercultural Cinema, Embodiment and the Senses* […].

familiaux figurent-ils sur le plan des structures des sociétés et des cultures globalisées et technologisées ?

Il va sans dire que les premières générations de la diaspora vivent l'exil avec les effets déstabilisants des pertes matérielles et spirituelles ; cependant, le vécu des générations successives diffère de façon importante de l'expérience de leurs parents et grands-parents. Les deuxième, troisième et quatrième générations – c'est-à-dire, les générations post-exilées, s'intègrent la plupart du temps à des structures identitaires et culturelles postmodernes, entrant souvent en conflit avec les cultures et avec les identités de celles-ci, notamment, les identités du pays d'accueil. Même si l'exil ne constitue pas l'expérience directe des générations post-exilées, l'absence et le manque hantent leur vie, très souvent par rapport au pays quitté de leurs parents. L'exilé est typiquement nostalgique ; il aspire au retour au pays natal, au *homeland*. L'exilé est déchiré et « survit » entre le pays quitté et le lieu de sa survie. Dans son court-métrage, *Measures of Distance*, par exemple, l'artiste Mona Hatoum, qui réside au Canada, désire désespérément retourner dans son pays natal, le Liban, surtout pour retrouver sa famille. Pour elle l'expérience de l'exil est extrêmement éprouvante. Cette expérience se complique et s'intensifie par le fait d'un précédent exil vécu par ses parents palestiniens.

Contrairement à la condition exilique qui se caractérise par une recherche du *homeland*, le post-exilé ne réclame pas de pays ancestral comme *le* lieu d'appartenance. L'expérience du post-exil, en particulier chez les diasporas marquées par une tradition de migration, comme dans le cas des Arméniens, des Juifs, des Antillais, place le sujet dans une relation complexe avec une mémoire déplacée, avec des cultures migratoires. L'écrivain canadien d'origine trinidadienne, Neil Bissoondath, l'a si bien exprimé : « My roots travel with me in my pocket[29] ».

---

29 Neil Bissoondath, *Selling Illusions: The Cult of Multiculturalism in Canada* […], p. 26.

Le post-exilé travaille avec un inconscient de déplacement et de séparation. Sa tradition est celle de la rupture avec le pays d'origine, coupure avec les ancêtres. Chez la romancière montréalaise Ying Chen, cette scission définitive avec son pays d'origine, la Chine, donne lieu à une figure positive de l'orpheline, celle qui a la liberté de s'inventer, de se donner naissance à elle-même. Pour reprendre l'expression de Sylvie Bernier, l'orpheline devient « son propre ancêtre[30] ».

Ce qui nous ramène à la distinction majeure entre les expériences exiliques et post-exiliques. Tandis que l'exilé se trouve aliéné et se sent étranger vis-à-vis de l'Autre – la nouvelle culture, le pays d'accueil –, le post-exilé est étranger au Même, étranger à sa propre origine. Dans *Récits d'Ellis Island. Histoires d'errance et d'espoir*, Georges Perec exprime ainsi cette aliénation du Même : « Quelque part je suis étranger par rapport à quelque chose de moi-même ; quelque part je suis « différent » mais non pas différent des autres, différent des miens[31] ».

Ainsi, les Afro-américains ne partagent plus de racines avec les Africains ou les Noirs des Antilles. Et les Indiens des Antilles s'identifient avec une identité indienne basée sur des mémoires déplacées et des familles dispersées. Nous rencontrons une situation exemplaire dans le documentaire *Noir Comment ?* de la romancière et cinéaste Marie Binet. La protagoniste va à la découverte de racines généalogiques dispersées – celles d'une *autre* grande famille – lorsqu'elle apprend que sa mère « française » est d'origine martiniquaise et non pas hongroise comme elle prétendait l'être[32] ! Au-delà des racines, au-delà des territoires hérités, le post-exil est une condition qui franchit les préoccupations exiliques avec les frontières nationales, qui dépasse aussi les limites de l'appartenance organique. Faisant une analogie avec la

---

30 Sylvie Bernier, « Ying Chen : s'exiler de soi » […], p. 123.
31 Georges Perec 1980, cité dans Régine Robin, *Le deuil de l'origine* […], p. 44.
32 Marie Binet, *Noir Comment ?* […].

contradiction logique de Derrida avec laquelle il ouvre son essai *Le Monolinguisme de l'autre*, soit « Je n'ai qu'une langue, ce n'est pas la mienne[33] », le Sujet post-exilique pourrait dire : « J'ai plusieurs pays, ils ne sont pas miens ». Car le post-exilé transcende l'inscription dans le territoire, acceptant une politique identitaire qui n'est plus basée sur l'identification avec un *homeland*.

1.3. Paradigmes actuels : postnationalisme, post-ethnicité

La condition exilique de nostalgie et de regret n'est pas l'unique alternative à la perte de la patrie ou de l'origine ancestrale. À l'âge des migrations de masse, le discours négatif de l'exil est en train de perdre sa force : l'inquiétante étrangeté et la douleur du déracinement se voient remplacées par des affects distanciés et diversifiés. Et si le thème universel de l'exil a structuré, voire constitué le récit de la modernité, de nos jours – à l'ère postmoderne –, la narration de l'identité par rapport aux déplacements en est une qui s'avère de plus en plus complexe ; elle se construit à partir d'une multiplicité de nouveaux paramètres d'identification post-exiliques. Les artistes diasporiques présentent quotidiennement de nouvelles stratégies identitaires enrichissantes, comme l'a déjà remarqué le critique post-colonial Edward Said en 1983 : « But if true exile is a condition of terminal loss, why has it been transformed so easily into a potent, even enriching, motif of modern culture[34] ? ».

S'inspirant des travaux subséquents de Said, Leela Gandhi offre la vision d'un « enlightened 'postnationalism' » qui est analogue à l'optique post-exilique que nous proposons, dans le sens où cette vision post-nationale éclairée rend compte du détachement du Sujet de son pays d'origine. Le préfixe « post », ici, suggère « cognitive mastery – a detached perspective or vantage point from which it is possible to discern and to name the completed

---

33 Jacques Derrida, *Le Monolinguisme de l'autre* […], p. 13.
34 Edward Said, « Reflections on Exile » […], p. 159.

and clear shape of the past[35] ». Un tel détachement permet la présence d'une conscience nationale lucide qui n'est pas le nationalisme, ce qui fournit, aussi, un espace pour les voix post-nationales et post-ethniques. Ainsi, le Sujet post-exilé qui se positionne à une certaine distance de l'expérience exilique, et donc à distance de la perte de la patrie et de la nation, est capable d'envisager une non-résistance active auprès des cultures autres. Cette position rend naturelles la pluralité et l'hétérogénéité, et rend le futur de l'identité imprévisible. Le Sujet post-exilé dépasse le niveau national et se trouve dans un positionnement post-national ; ainsi, l'ethnicité d'origine cesse d'être une catégorie fondamentale dans la définition de son identité. Les voix qui auparavant n'avaient pas de place dans les discours exiliques et parfois diasporiques peuvent désormais être entendues. Du silence jusqu'ici négligé, naissent alors de nouvelles manières de raconter les identités. Le concept identitaire du « post-exil » rend compte d'un sens profond de la distance entre le Sujet et ses origines et met en relief les structures émotives de la dissociation qui émanent de l'expérience récurrente de la migration diasporique, mais qui dépassent la nostalgie, l'ethnicité, et le nationalisme.

Dans « Melancholic Memories and Manic Politics », Anahid Kassabian et David Kazanjian identifient un genre particulier dans la production culturelle arménienne diasporique, notamment *Hai Tahd* (« La Cause arménienne ») qui présente la diaspora comme un « *problem* to be solved with the securing of reparations for and recognition of the genocide, and the stabilisation of culture, history, language and territory[36] ». Leurs analyses du documentaire de Theodore Bogosian, *An Armenian Journey*, illustrent bien la façon dont les perspectives exiliques et nationalistes perpétuent la nation du dehors et suppriment les voix postnationales en diaspora. Le documentaire de Bogosian tourne autour d'une survi-

---

35 Leela Gandhi, *Postcolonial Theory: A Critical Introduction* […], p. 173.
36 Anahid Kassabian et David Kazanjian, « Melancholic Memories and Manic Politics » […], p. 202, souligné dans l'original.

vante du génocide arménien, Mariam, qui, accompagnée de sa fille américaine, Joan, retourne à sa ville natale en Anatolie orientale. Le but du réalisateur est de raconter la quête d'une preuve aux événements catastrophiques de 1915, « irrefutable historical proof of the genocide », comme si seuls les lieux d'origine que la protagoniste a quittés à l'âge de huit ans allaient ranimer *La Mémoire* du génocide. Le discours nationaliste qui court tout au long de *An Armenian Journey* généralise et idéalise le passé perdu et a pour but d'assurer un futur stable et judicieux en diaspora. En fait, le discours essentialiste de Theodore Bogosian perpétue la nation du dehors :

> The search I undertook for a truth no one could deny remains unfulfilled. But I did find in my search something greater. I did find the strength, *the immortality of an Armenian Spirit* that has endured despite all challenge and denial. In my search I found another truth that could not be denied. *In a living people scattered across the globe, I found a Nation*[37].

En idéalisant le passé et en construisant ainsi un futur nationaliste, le documentaire néglige la pluralité riche et complexe des expériences diasporiques. Le film passe sous silence les voix individuelles qui ne partagent pas « l'âme » nationale. La voix à laquelle le spectateur n'a pas accès dans *An Armenian Journey* est celle qui appartient à une Arménienne diasporique de la deuxième génération, Joan, que le réalisateur réussit à marginaliser. En fait, Joan est complètement exclue du discours du film ; car dans ce film, c'est le discours qui tend vers le passé qui domine. Du point de vue du langage cinématographique, le personnage de Joan est également exclu puisqu'elle n'apparaît jamais au centre du cadre ; elle n'est que l'ombre de sa mère. En lisant ce qui a été repoussé aux marges du cadre de l'écran dans le documentaire de Bogosian, Kassabian et Kazanjian attirent l'attention vers la

---

37 Cité dans ibid, p. 211 ; c'est moi qui souligne.

dislocation qu'amène le personnage spectral de Joan. En fait, Joan dérange l'harmonie du récit filmique : le projet du film est de construire une diaspora arménienne homogène dont « l'âme » serait avant tout celle d'un survivant – d'un exilé. Dans ce contexte, le paradigme du post-exil, qui peut rendre compte des voix diasporiques dont les narrations vont au-delà de celles nationales et exiliques, permettra une identification avec la figure liminale de Joan, dont l'expérience diasporique est différente de celle de sa mère, et dont l'identité, comme le suggère son prénom, est du moins, inter-ethnique.

Leela Gandhi, théoricienne postcolonialiste d'origine indienne, propose trois conditions qui préparent le saut dans les perspectives postcoloniales vers le postnationalisme. Ici, nous nous concernons par les deux premières conditions car elles s'appliquent directement à l'étude des productions culturelles post-exiliques. La première condition est la globalisation, ou « an unprecedented movement of peoples, technologies and informations across previously impermeable borders–from one location to another[38] ». En fait, les populations transnationales montrent que leurs identités sont de plus en plus indépendantes d'un territoire quelconque et qu'elles se construisent plutôt à partir de paramètres diasporiques et globalistes[39]. De plus, dans un monde où les images électroniques et les simulacres voyagent instantanément autour du globe, les frontières entre les nations se sont brouillées. Cependant, la globalisation, comme le maintiennent de nombreux théoriciens contemporains, ne dicte pas l'effacement ou l'homogénéisation des identités culturelles ou ethniques. En d'autres termes, les diasporas n'ont rien d'intrinsèque qui libérerait la ferveur nationaliste comme le maintiennent les théoriciens de la globalisation[40]. Ainsi, malgré le fait que la globalisation

---

38 Leela Gandhi, *Postcolonial Theory: A Critical Introduction* […], p. 125.
39 Aihwa Ong et Donald Nonini (dir.), *The Underground Empire : The Cultural Politics of Modern Chinese Transnationalism* […], p. 326.
40 Arjun Appadurai 2000 ; Aihwa Ong et Donald Nonini 1997.

soit associée avec la transcendance des frontières nationales, une consolidation des identités locales, nationales et religieuses est parfois maintenue de façon plus ou moins subtile. Le film de Hanif Kureishi, *My Son the Fanatic*, en est un exemple à propos. Par ailleurs, les déplacements extensifs des populations et des individus d'une part, et la dépendance croissante des technologies sur le plan des communications d'autre part, donnent lieu à des changements fondamentaux au niveau des relations humaines. Dans un monde où les communications se font de plus en plus à longue distance, dans un monde où l'immédiat cède aux médias, l'on témoigne d'un changement profond au niveau de la dynamique familiale. Comment la distance entre les membres d'une famille dispersée figure-t-elle dans le récit filmique d'Egoyan ? Et quelle est l'influence de la distance sur le plan des liens familiaux intimes chez les artistes de l'immigration ? Ces questions seront abordées plus spécifiquement dans la conclusion (chapitre 7).

La deuxième condition dans les perspectives postcoloniales de Leela Gandhi qui favorise la démarche vers le post-nationalisme est le soupçon manifesté par certains théoriciens à propos des politiques identitaires traitant de la race et de l'ethnie, notamment la tendance à préserver et perpétuer les identités raciales et ethniques essentialistes. Gandhi puise son argument dans les travaux de Rey Chow, essayiste américaine d'origine chinoise, qui critique la vision néo-orientaliste du Natif. Cette vision considère le Natif comme un Sujet en danger de disparition et rend le chercheur néo-orientaliste « anxious to retrieve and preserve the pure, authentic native[41] ».

Dans une étude plus récente, Sophia A. McClennen note par exemple que

> the exile's material existence in a world that requires visas, passports, and so on, in a world, that is, where the exile is forbidden to cross particular geographical

---
[41] Leela Gandhi, *Postcolonial Theory : A Critical Introduction* […], p. 126.

boundaries, cannot be understood as existence free of the repressive nature of nationalism[42].

De son côté, Angelika Bammer en appelle, dans *Displacements: Cultural Identities in Question*, à une théorisation de l'exil où l'on ré-intégrerait et ré-articulerait les faits historiques (conflits politiques, guerres, etc.), au lieu de les occulter pour ne s'intéresser qu'aux événements strictement personnels.

1.4. Le contexte du multiculturalisme canadien

Dans le contexte canadien, les critiques dans le domaine des études culturelles argumentent que la politique du multiculturalisme encourage la définition de l'identité selon l'ethnicité et l'appartenance nationale antérieure à l'immigration. Dans *Selling Illusions* (1994), Neil Bissoondath, par exemple, conteste la politique multiculturaliste du fédéralisme canadien; il maintient que cette politique dont le but est de préserver la diversité tend à créer du malaise à plusieurs niveaux. Selon lui, le multiculturalisme institutionnalisé encourage les stéréotypes, met en avant l'ethnicité, et favorise l'emphase sur un pays d'origine ou ancestral. À mon avis, cependant, l'association entre multiculturalisme et l'enthousiasme ethnique peut être vraie plutôt pour les premières générations d'immigrants (même si quelques cas extrêmes ont été remarqués chez des générations successives). La production culturelle de l'exil démontre que les personnages exilés jouissent inévitablement d'une période de nostalgie pour le pays quitté. Dans *Le bonheur a la queue glissante* d'Abla Farhoud (1998), par exemple, la protagoniste principale, une grand-mère qui quitte le Liban pour le Québec est constamment en train de comparer les deux pays, d'ailleurs, sans manque d'ouverture pour ce dernier. Elle, qui n'a jamais appris la langue ou les langues du pays d'accueil, à part quelques mots du quotidien, éprouve une nostalgie

---

[42] Sophia A. McClennen, *The Dialectics of Exile: Nation, Time, Language, and Space, in Hispanic Literatures*, Indiana, Purdue University Press, 2004, p. 1.

intense pour son pays quitté, pour sa culture d'origine avec toutes ses particularités. Mais même cette grand-mère étrangère, dont le prénom parle pourtant pour son ouverture infinie – car *Dounia* signifie « univers » en arabe –, fait preuve d'une grande capacité pour l'intégration et l'assimilation à la culture d'accueil, et ce à travers ses enfants et ses petits-enfants. L'étrange sentiment, la douleur accompagnant les souvenirs de la grand-mère où nous pouvons lire la marque ethnique – libanaise dans ce cas – se mêlent avec l'émerveillement pour le présent à travers ses nouvelles expériences dans un contexte autre, celui québécois.

1.5. Hybridité, ethnicité, et le cinéma canadien

Comme les enfants et les petits-enfants de Dounia dans *Le bonheur a la queue glissante*, les générations qui suivent celles immigrées s'intègrent aux identités canadiennes fluides. En s'alliant et s'identifiant avec d'autres Canadiens, ils se trouvent dans des espaces où ils peuvent explorer d'autres façons de s'identifier ; ils adoptent de nouvelles perspectives pour s'adresser aux questions de l'origine. Le fleurissement des productions artistiques (littéraires, filmiques, et autres) transnationales et interculturelles témoigne de l'hybridité qui définit les personnages principaux des productions canadiennes contemporaines. Ceci n'exclut pas le fait qu'il existe, dans la production interculturelle, des personnages principaux « typiquement ethniques »; ceux-ci sont souvent représentés par des immigrants de la première génération, comme les parents Deryan dans *Next of Kin* d'Egoyan. Ce sont des exilés qui parlent avec un accent, et qui ont des valeurs et des coutumes « différentes » qui relèvent du particulier. En fait, l'existence même des « personnages ethniques » contribue à la pluralité qui définit les arts interculturels.

Les identités hybrides se caractérisent par l'incertitude et la fragilité ; et l'hybridité fait appel à et émane de la malléabilité de l'identité ethnique. En fait, l'ethnicité est une notion qui est conceptuellement vague et ambivalente; il n'y a pas de consensus absolu quant à sa représentation. Dans sa discussion déconstructive sur l'ethnicité, Rey Chow écrit: « ethnicity appears to be a category with mythic potential (since it is a kind of narrative of belonging) and is therefore manipulable[43] ». Chow affirme plus loin que « even the most long-held and cherished assumptions about the ethnic culture are contestable and potentially dismantleable[44] ».

La distinction entre l'identité nationale et ethnique a été étudiée par beaucoup de théoriciens de la postcolonialité et de la diaspora[45]. La définition du « national » dans son rapport à l'ethnicité est surtout problématisée dans le contexte de l'expansion des centres cosmopolites comme Montréal, New York, Toronto, etc., et leurs banlieues. L'identité nationale canadienne est, par exemple, transnationale, multi-ethnique et interculturelle. Le statut de la nation canadienne est déstabilisé, non seulement par le mouvement séparatiste du Québec, mais aussi par la diversité culturelle de l'immigration[46].

Dans son article « The Reel Nation: Image and Reality in Contemporary Canadian Cinema », Jim Leach écrit :

> Certainly, some of the most important Canadian films of recent years have been made by filmmakers from the diasporic communities established by migrants who left their original homelands for political or economic reasons[47].

---

43 Rey Chow, *The Protestant Ethnic and the Spirit of Capitalism* […], p. 25.
44 Rey Chow, *The Protestant Ethnic and the Spirit of Capitalism* […], p. 190.
45 Voir par exemple, *Flexible Citizenship: The Cultural Logics of Transnationality* d'Aihwa Ong (1999).
46 Jim Leach, « The Reel Nation: Image and Reality in Contemporary Canadian Cinema » […], p. 3.
47 *Idem.*

Loin de rester avec la thèse des deux cinémas distincts[48], le cinéma national canadien connaît une instabilité et une pluralité discursive émanant d'autres contextes identitaires. Désormais, les images qui proviennent des milieux historiques et géographiques différents sont recyclées et juxtaposées dans une nouvelle culture contemporaine.

Mise à part l'appartenance de l'œuvre d'Egoyan à ce contexte diasporique et interculturel, on peut identifier les films d'Egoyan avec le cinéma canadien contemporain postmoderne, préoccupé par le renversement des conventions narratives, par l'intellectualisme, et par le doute épistémologique[49]. Ce cinéma qui est créé par des réalisateurs indépendants, surtout de l'Ontario, se distingue nettement du cinéma américain et œuvre à l'auto-détermination des artistes canadiens dans le contexte de la domination de la culture américaine[50]. Dans le cinéma canadien contemporain, l'aliénation (en opposition aux mythes de la culture américaine) semble être le thème privilégié[51]. En effet, les problématiques autour de l'identité qu'aborde Egoyan concernent, de façon intense, les expériences de l'aliénation et s'entrecroisent avec les préoccupations de la production culturelle post-exilique et post-moderne en général.

1.6. La diaspora arménienne : une histoire d'éclatement

> In an Armenian diaspora that numbers nearly 1.5 million people in some 30 countries, a typical Armenian is a fiction[52].

---

48 Gilles Marsolais 1968, cité dans ibid, p. 2.
49 Jonathan Romney, *Atom Egoyan. World Director Series* […], p. 10.
50 Romney ne manque pas de mentionner que ces artistes ont leurs homologues québécois, comme Denys Arcand, François Girard et Robert Lepage (*Ibid*, p. 11).
51 Geoff Pevere 1992, cité dans Ibid., p. 11.
52 Khatchig Tölölyan, « Cultural Narrative and the Motivation of the Terrorist » […], p. 222. Après la dissolution de l'Union soviétique en 1989, le nombre des membres de la diaspora arménienne a augmenté de façon

Les différentes communautés arméniennes se sont constituées aux quatre coins du monde suite au génocide de 1915[53]. Mais l'histoire du peuple arménien, datant d'environ quatre mille ans connaît de multiples ruptures, dominations, et déplacements suite aux invasions étrangères sur leur territoire ancestral (invasions hellénique, persane, byzantine, turque-seljuk, et arabe[54]).

L'historien Razmik Panossian (2006) écrit que tout au long de leur histoire, les Arméniens ont dû maintenir un équilibre identitaire au niveau de leurs diverses tribus locales d'un côté (autour de la région d'Anatolie), et entre celles-ci et les empires (romain et byzantin, et en dernier lieu, ottoman et russe) desquels la minorité arménienne (ou plutôt les minorités arméniennes) faisait partie. En fait, malgré les traits culturels communs, surtout le christianisme adopté comme religion d'État en 313 A.D.[55], les Arméniens, en tant que nation, avaient toujours comme marque collective le manque d'unité sur le plan politique, et ont rarement eu un état indépendant. Ainsi, le sens d'unité a toujours été une aspiration, un désir vers l'homogénéisation dans la dispersion avant la naissance même de l'idée de la nation moderne. Qui plus est, en raison de l'extermination des populations arméniennes ou leur assimilation à d'autres identités ainsi que leur conversion à l'Islam, en plus de la destruction des centres culturels arméniens par les envahisseurs (Arabes, Persans, Mongols, Tatars) depuis

---

significative, surtout en France et en Amérique du Nord. L'anthropologue française, Martine Hovanessian rapporte le nombre des Arméniens de la diaspora à deux millions en 1992 (Martine Hovanessian, *Le lien communautaire. Trois générations d'Arméniens* […], p. 29).

53 Vahan Yeghicheyan, « Des problèmes de filiation après le vécu collectif d'un génocide (à propos de la minorité arménienne en diaspora) » […], p. 971.
54 James Russell 1997, cité dans Razmik Panossian, *The Armenians : From Kings and Priests to Merchants and Commissars* […], p. 33.
55 À travers l'histoire, l'Arménie connaît quelques périodes d'indépendance étatique, mais jamais pour une longue période, sauf pour la République d'Arménie ex-soviétique, indépendante depuis 1989.

des siècles, les questions d'identité culturelle et « nationale » sont aussi vitales que *la survie de l'ethnie arménienne* :

> It was this critical mass, the surviving Armenian *ethnie*, which was nationalised in the modern period, but in a multilocal and heterogenous manner. Armenians did not have statehood, or even a powerful political centre, for many centuries, but a sense of ethno-cultural and religious belonging sustained the people as a distinct group into the age of nationalism[56].

En effet, le christianisme, qui contrastait avec les traditions de leurs voisins païens et zoroastres, est devenu la marque la plus importante de l'identité distincte des Arméniens à l'époque classique. Cette tradition chrétienne[57], aussi bien que la langue arménienne (voir section suivante) continuaient à être conservées et cultivées pour résister aux forces de l'assimilation pendant les siècles à venir[58].

Ainsi, lorsque les immigrants arméniens, rescapés du génocide, arrivent au Canada en début du vingtième siècle, ils ont déjà des siècles d'expérience à être minoritaires et dispersés :

> With their expertise in retaining their language and religion while speaking other languages in business and living in a pluralist society, Armenians knew they could reconcile the diversities inherent in a complex new society like Canada[59].

---

56 Razmik Panossian, *The Armenians : From Kings and Priests to Merchants and Commissars* […], p. 41 ; 57, souligné dans l'original.
57 Les détails de l'histoire de la religion au niveau de la nation arménienne sont importants pour l'analyse de la culture survivante dans les films d'Egoyan (voir surtout chapitre 5, section 5.1. « Les enjeux interculturels, ici et ailleurs »).
58 Razmik Panossian, *The Armenians : From Kings and Priests to Merchants and Commissars* […], p. 42-43.
59 Isabelle Kaprielian-Churchill, *Like Our Mountains : A History of Armenians in Canada* […], p. xxiii.

1.7. Les avatars d'Egoyan : « Mirage de la centralité » et la fin de la littérature arménienne occidentale[60]

> L'effondrement est le seul fond sur lequel on puisse bâtir[61].

Dans son œuvre monumentale *Âges et usages de la langue arménienne*, le philosophe Marc Nichanian maintient la même thèse que Panossian sur l'aspiration à l'unité, cette fois au niveau de la littérature des intellectuels de Constantinople de l'Empire ottoman. Nichanian relève chez les écrivains arméniens au tournant du vingtième siècle (entre 1840-1911 « à la veille de l'anéantissement ») une « idéologie [...], une volonté de corriger un oubli, oubli du 'centre' et de la 'source'[62] ». Analysant les écrits d'un des plus célèbres écrivains chez les Arméniens occidentaux, Hagop Oshagan (« notre littérature est une » 1914), Nichanian observe qu'il s'agit d'un *appel* à l'unicité, et non pas d'une constatation. Cet appel, selon le philosophe, concerne non pas l'unification des différences linguistiques ou la « diversité des parlers » des Arméniens de l'Empire ottoman, comme le supposerait une lecture au premier degré, mais il s'agirait d'un désir de souder « une fragmentation interne, essentielle [...], un démantèlement du noyau[63] ».

Les réverbérations de cet « appel » se trouvent de façon évidente dans le cinéma d'Egoyan. Cette dissolution du noyau, traduite par le langage filmique éclaté d'Egoyan ne représente qu'un côté de la médaille identitaire. Le désir de connexion et d'unification n'est pas, cependant, une instance de totalisation. Il n'y a pas de résolution nécessaire. Au contraire, la solution se trouve dans

---

60 La langue et les traditions culturelles, ainsi que les circonstances historiques des Arméniens occidentaux diffèrent de façon importante de celles des Arméniens orientaux. La représentation de cette distinction est mise en emphase dans *Calendar* et constitue le thème central du film (voir chapitre 4 ici).
61 Marc Nichanian, « États de la langue arménienne » [...], p. 114.
62 Marc Nichanian, *Âges et usages de la langue arménienne* [...], p. 365.
63 *Ibid.*, p. 367.

l'invention d'un langage qui puisse rendre compte de la pluralité et de l'hétérogénéité de l'expérience diasporique. Il est d'une importance capitale ici de distinguer entre unicité et totalisation.

Nichanian se base sur une littérature de la veille de la catastrophe, une « réaction contre un malheur innommé, advenu à la source de la collectivité » :

> Nous avons devant nous une foule déchirée, en lambeaux, vieillie, rejetée de son centre, de son pays, de sa religion, errante, ravalée au rang de matière, sans nom, sans corps[64]…

Et

> Nous devons rassembler les restes de notre cœur, dispersés dans trois millions de gens, nous devons les concentrer dans une seule poitrine[65].

Et encore

> Il faut rassembler les morceaux, chercher de nouvelles formes d'existence et de manifestation[66]…

Nichanian note que l'écriture de la désintégration et la représentation de la violence de cette fragmentation, à part leur fonction testimoniale, constituent un projet « d'auto-représentation collective[67] ».

Chez Egoyan, cette auto-représentation est, en effet, fidèle au mode de la dispersion, condition même des diverses histories dans *Ararat*, par exemple, où chacun des personnages vient d'une expérience artistique et d'un vécu socio-culturel différents. L'apport hétérogène des protagonistes dans *Ararat* est appuyé par

---

[64] Hagop Oshagan 1914, cité dans *Ibid.*, p. 368. Combien ces phrases rédigées avant le génocide préfigurent l'expérience réelle des déportés vers la marche de la mort de 1915 !
[65] Daniel Varoujan 1909, cité dans *Ibid.*, p. 369.
[66] Costan Zarian 1914, cité dans *Ibid.*, p. 369.
[67] Marc Nichanian, *Ibid.*, p. 365 et 369.

les différents accents, les scènes à l'aéroport avec l'insistance sur le passage des douanes, ainsi que par les agents d'immigration canadiens aux frontières. En effet, la décentralisation est une des caractéristiques saillantes dans le cinéma diasporique. La pluralité sur le plan des identités hybrides implique une multiplicité de centres géographico-historiques. La représentation filmique est alors imbibée par des techniques qui traduisent cette multiplicité et cette pluralité à travers le langage filmique : répétition de l'image, fragmentation, mise en abyme, effraction de l'image. Dans ce contexte, la caméra devient un agent de déterritorialisation et de dispersion.

1.8. Création artistique post-catastrophique et passage en Occident

Pour Marc Nichanian, le passage par la catastrophe dicte la fin de l'Histoire des Arméniens occidentaux et impose le « caractère irrévocable et irréversible de l'absence de centralité[68] ». Désormais, c'est la création culturelle qui servirait de récit historique et historiographique. Dans un article intitulé « États de la langue arménienne », Nichanian écrit qu'en diaspora, « c'est toujours à travers la littérature que les Arméniens inscrivent leur rapport au passé et au présent[69] ». Pour un groupe pour qui l'art prendra la relève du mythe, créer devient un art de survie, comme nous montre l'exemple du peintre Arshile Gorky dans *Ararat* : « Il faut faire advenir l'Art, c'est une question de survie[70] ». Mais créer aussi au-delà de la survie, pour marquer une nouvelle vie, une nouvelle identité, en parallèle à la création exigeante de la survie, dans un contexte complètement autre que celui de l'Arménie perdue (voir la section suivante « 1.9. Post-exil et généalogies disloquées »).

---

68 *Ibid.*, p. 358.
69 Marc Nichanian, « États de la langue arménienne » […], p. 117.
70 Marc Nichanian, *Âges et usages de la langue arménienne* […], p. 364.

Après le génocide et les déportations de 1915 à 1922, les intellectuels survivants, qui étaient presque tous des orphelins, écrivaient la catastrophe dans les grandes villes de leur pays d'accueil (surtout à Paris, à Boston et à New York, à Venise, à Jérusalem, au Caire, à Beyrouth, et à Alep; un petit noyau continuait à créer aussi à Istanbul/Constantinople[71]). Cette littérature, écrite toujours en arménien occidental, avait comme marque la nostalgie pour le passé; et sauf pour quelques exceptions, « they were entirely devoted to the task of recreating, through literature, an image of their lost-homeland, of their village of the past, of their happy or devastated childhood[72] ». Dans cette littérature[73] de la première génération des rescapés exilés, Nichanian note un phénomène étrange de transmission et de fidélité envers la génération précédente d'intellectuels de Constantinople. Mais en même temps, cette littérature annonçait sa propre fin. Après le génocide, la tâche des intellectuels arméniens survivants était de « signer la fin » de la littérature arménienne occidentale et de « transposer l'arménien occidental à la rencontre de l'Occident[74] ». Nichanian continue :

> Ils ne construisaient pas un avenir. Ils tentaient modestement d'affronter la crise, celle de la catastrophe, celle du passage en Occident, celle de leur génération à qui on n'avait transmis que le mirage de la centralité[75].

Le passage en Occident assurera une nouvelle mixité de références identitaires. Le métissage commence bientôt à prendre place dans la création littéraire d'autres vagues d'exilés arméniens qui arrivent en même temps que les rescapés; il s'agit d'une création

---

[71] Marc Nichanian, *Writers of Disaster: Armenian Literature in the Twentieth Century* […], p. 7-8.
[72] *Ibid.*, p. 9.
[73] qui paraissait dans les jounaux littéraires arméniens, seul lieu possible de sa diffusion (Marc Nichanian Ibid, p. 7-8).
[74] Marc Nichanian, *Âges et usages de la langue arménienne* […], p. 385.
[75] *Idem.*

littéraire qui s'écrit en parallèle à celle des survivants, mais qui annonce déjà les éléments post-exiliques de l'identité, c'est-à-dire, le détachement des lieux de l'origine et l'aliénation du même. Pour cette génération qui écrit en France, par exemple, la patrie quittée se transforme en une patrie imaginée fusionnant le bois de Vincennes de Paris et la mer Noire du haut de l'Anatolie. Ainsi, lisons-nous ce court extrait d'un roman du poète et écrivain Nigoghos Sarafian, né en Bulgarie en 1902 et émigré en France en 1923 :

> Le bois de Vincennes s'étend de la Marne au Don et plus bas, comprenant en son sein une grande partie de la mer Noire. Il atteint parfois le ciel. Il passe par-delà mes nostalgies et mes souvenirs. Il plane au-dessus d'une patrie de rêve, inconnue[76].

Avec ce roman, commence effectivement le récit d'un détachement du pays d'origine. Janine Altounian écrit sur Sarafian : « Il fut, à son époque, assez sacrilège pour dénoncer le leurre des appartenances nationales et entreprendre la démystification du retour au sein de la mère patrie[77] ».

Commence aussi, avec Sarafian, l'intériorisation de l'exil et le sentiment d'une aliénation du même, comme nous le dit l'écrivain lors du mouvement de rapatriement de quelques milliers d'Arméniens de France en Arménie soviétique entre 1946 et 1948 :

> Je regarde la tour Eiffel [...], mes compatriotes la délaissent pour retourner au pays [...]. Mais [...] ce qui est clair pour moi en cet instant, c'est qu'une ville marâtre et étrangère est plus désirable que son propre pays où l'on se sent plus étranger et moins libre[78].

---

76 Nigoghos Sarafian, cité dans Janine Altounian, *La survivance* […], p. 110. Le roman de Sarafian, intitulé *Le bois de Vincennes*, a été écrit en arménien en 1947 à Paris et traduit en français par Anahide Drézian seulement en 1993 (Marseille : Parenthèses).
77 Janine Altounian, *La survivance* […], p. 91.
78 Nigoghos Sarafian, cité dans *Ibid.*, p. 92.

Assumant cette perte des références de l'origine, la création artistique de la survivance ne pourrait exister que dans le paradoxe, dans le travail de réconciliation des opposés : « À quoi est-ce que je tends, moi, sinon à réconcilier la beauté de la vie et son absurdité [...] à me sauver de l'oubli au moyen de l'art [...] Maintenir ma personne quand elle se disloque[79] ».

C'est donc l'art qui transmettra les restes d'un héritage qui ne survivra qu'en étant présent dans les nouveaux lieux, dans les nouvelles cultures d'adoption. Pour Egoyan, la découverte de cette tradition artistique disloquée constitue une inspiration fondatrice pour ses films qui mettent en scène la part arménienne de son identité ainsi que des identités de ses personnages. Qui plus est, Egoyan mythologise la perte et complique la représentation de l'identité et de la culture.

1.9. Post-exil et généalogies disloquées

Le caractère migrant du peuple arménien établit une identité culturelle diasporique qui se distancie de plus en plus du « *homeland* ». Pour la diaspora arménienne, le processus de globalisation commence autour de la fin du dix-neuvième siècle. En début du vingtième siècle, et surtout après 1915, les réfugiés arméniens sont dispersés à travers les continents, surtout au Moyen-Orient, en Europe, et en Amérique du Nord. Des artistes célèbres, comme le peintre Arshile Gorky de New York (né Vosdanig Adoian en 1904) et le photographe Van-Leo du Caire (né Levon Alexander Boyadjian en 1921) sont très tôt associés à des identités imaginées, transnationales et multi-ethniques. De plus, Gorky et Van-Leo (et plus tard, le réalisateur Sergeï Parajanov (né Sarkis Parajanian en URSS en 1924) introduisent des expressions esthétiques qui dressent les termes pour une tradition d'avant-garde caractérisée par la pluralité et l'abstraction, mais de façon plus consistante

---

79 *Ibid.*, p. 109.

et figurative, par les représentations généalogiques disloquées. Gorky, par exemple, s'introduisait faussement comme un prince géorgien qui s'est échappé aux persécutions bolcheviques. Il prétendait avoir étudié à Paris et assumait le pseudonyme du dramaturge russe Maxim Gorky, simulant être son cousin[80]. Les nouvelles identités d'Arshile Gorky s'accompagnaient de l'innovation artistique dans son travail de peinture. Sa biographe, Nouritza Matossian, écrit :

> He was always questioning and criticizing. In the thirties when people were producing paintings by formula or assigned by the government, Gorky did not follow the norm. He went on to produce some of the most interesting abstract murals of the period[81].

Sur un autre continent, le photographe excentrique Van-Leo, ayant aussi complètement changé son nom, était en train de révolutionner la photographie en se déclarant un « *Art Photographer*[82] ». Dans les années 1940, Van-Leo a pris plus de quatre cents auto-portraits déguisés en quatre cents personnages différents, représentant différentes nationalités, ethnicités et religions. Akram Zaatari du Arab Image Foundation commente les perspectives de Van-Leo dans le contexte des discours nationalistes florissants en Egypte à cette époque-là :

> He used photography to display multiple images of himself, assuming different identities. At a time when nationalism was close to rising in Egypt, Van-Leo was plotting, encouraging, and promoting that multiplicity in the look (people's façades, people's landscape), as well as in people's ethnic and religious backgrounds. He is

---

80 Hratch Tchilingirian, « Reinventing Life » […], p. 42.
81 Matossian, cité dans ibid, p. 43.
82 Barry Iverson, « Van-Leo: Master Cairo Portrait Photographer » […], pas de pagination.

the antithesis of nationalism, even in a period when such slogans were prominent at every occasion[83].

Atom Egoyan appartient à et promeut cette tradition artistique innovatrice et contre-nationale. Comme dans le cas de Gorky et Van-Leo, une compréhension critique de l'œuvre du cinéaste dépassera les frontières nationales et l'appartenance généalogique.

1.10. Territoire et image

L'exode mental vers l'image est déjà bien entamé[84].

Je n'ai commencé à éprouver fortement le sentiment d'être arménien que lorsque j'ai vu des images de l'art arménien. J'ai ressenti à la vue de ces chefs-d'œuvre un sentiment de fierté, comme si je cherchais à leur superposer mes propres tendances créatives. Il était gratifiant pour moi de penser que j'étais issu d'un peuple capable de transmettre à l'imaginaire de sa descendance des testaments aussi impressionnants.

Mais de qui s'agit-il en réalité ? Quelle est cette race qui a enduré pareil martyre ? Que peut avoir cette nation de commun avec l'Arménie d'aujourd'hui ? Et avec moi, en particulier[85] ?

You can always go back to an image, but *you can't just go back to a land*[86].

---

83 Akram Zaatari, « Van-Leo, The Discipline of a Rebel » […], pas de pagination.
84 Alain Gauthier, *L'impact de l'image* […], p. 7.
85 Atom Egoyan, « Calendar » […], p. 94.
86 Atom Egoyan, « Entrevue avec Hamid Naficy : The Accented Style of the Independant Transnational Cinema » […], p. 215; C'est moi qui souligne.

Cette dernière citation dévoile une réalité particulière qui sert à définir la diaspora arménienne issue du génocide[87] en tant qu'une diaspora sans référence à un « pays » comme lieu d'appartenance étatique. La déclaration d'Égoyan « you can't just go back to a *land* » confirme l'absence du support organique territorial, que Janine Altounian définit comme un pays « où on ne peut que mourir[88] ». En fait, le mot '*land*' et non pas '*homeland*' parle de l'absence de l'entité officielle d'État-Nation arménien auquel puissent se référer les membres de la diaspora aujourd'hui, descendants des survivants au génocide de 1915. Cette situation est en contradiction claire avec les autres diasporas qui peuvent maintenir un équilibre entre « le global et le local[89] », comme il est le cas de nos jours dans le contexte des migrations de masse.

Depuis la chute de l'Union soviétique, la nouvelle vague d'immigration arménienne issue de la République d'Arménie ex-soviétique servira d'exemple pertinent pour contraster avec la diaspora arménienne issue du génocide et marquée par une intransigeante impossibilité de retour. Le long-métrage du réalisateur français Robert Guédiguian, *Le voyage en Arménie* (France-Arménie 2006), nous renseigne de façon très nette sur cette division référentielle quant à l'appartenance territoriale. Dans ce film de Guédiguian, contrairement aux deux personnages diasporiques dans *Calendar* d'Egoyan, la rencontre avec le territoire ainsi qu'avec les membres de famille ou d'amis en Arménie relève du familier pour le personnage principal, un père immigrant de la première génération en France. Alors que, comme nous verrons dans l'analyse du premier film d'Egoyan, *Next of Kin*, pour la famille immigrante arménienne de la diaspora issue du génocide et venant du Moyen-Orient, la référence au pays d'origine est inexistante et le nom du pays d'où la famille a émigré n'est

---

87 En opposition avec la diaspora arménienne récente, issue de l'Arménie ex-soviétique.
88 Janine Altounian, *La Survivance* [...], p. 82.
89 Arjun Appadurai, *Modernity at large* [...], 18.

pas mentionné. Il y a une discontinuité radicale qui fait que la famille devrait recommencer à zéro : « start from nothing » (voir section 2.3.3. « Ethnicité et performance de l'identité », chapitre 2 ici, p. 76). Ce commencement à zéro représente la condition de dépossession totale des rescapés.

Pour la diaspora arménienne occidentale, « the 'lost lands' in Turkey are receding further and further into the background of collective memory[90] ». Et cette perte, ainsi que l'instabilité et la volatilité de l'identité diasporique donnent lieu au désir ou à la nécessité de la représentation :

> Having an identity on the edge, that is, being on the threshold of disappearance, is a powerful incentive not to disappear – a dominant theme in twentieth century Armenian literature[91].

Dans ce sens, nous pouvons dire avec Paul Gilroy que dans la production culturelle de la diaspora, il ne s'agit pas d'un « affect en déclin, mais au contraire de sa préservation et de sa reproduction[92] ». Car Egoyan reproduit les symboles déplacés de sa culture d'origine par le moyen de divers médias et à travers une multiplication d'images dont le référent est l'image même, et non pas un élément dans le monde réel. Cette tendance à la création et à la représentation d'un terrain imaginaire commun, que ce soit en littérature ou en cinéma, se sert largement d'images et de symboles.

1.11. Le cinéma de la perte

L'identité et l'œuvre d'Egoyan se confondent de façon majeure avec les réalités socio-politico-historiques de la communauté ethnique dont il est issu. Reconnu mondialement surtout comme

---

90 Razmik Panossian, *The Armenians : From Kings and Priests to Merchants and Commissars* […], p. 317.
91 *Idem*.
92 Paul Gilroy, « Nothing But Sweat Inside My Hand : Diaspora Aesthetics and Black Arts in Britain » […], p. 46, ma traduction.

cinéaste, depuis 1987[93], Atom Egoyan est l'auteur de deux productions parallèles. D'une part, sa production « ethnique » donne à voir les symboles et les structures émotifs des identités de la diaspora arménienne dans un contexte canadien multi- et interculturel ; d'autre part, il est l'auteur d'une œuvre importante qui s'insère dans les réalités sociales nord-américaines, mais surtout canadiennes-anglaises. Ce dernier ensemble de production filmique, que nous pouvons classer de postmoderne, fait écho aux thématiques explorées dans le contexte des identités arméniennes. Le cinéma postmoderne d'Egoyan est aussi hanté par le spectre de la perte, par l'absence, par le trauma, par le déni et par la « culture occultée ».

Dans *Exotica* (1994), par exemple, Egoyan met en scène plusieurs histoires de perte en parallèle : Francis a perdu sa femme et sa jeune fille ; le D. J. du club Exotica se fait abandonner par sa copine Christina ; et Thomas, se fait voler des œufs d'oiseaux qu'il avait tant aimés et soignés. Pareillement, dans *The Adjuster* (1991), Egoyan filme la perte (dans un incendie) de toute une infrastructure résidentielle familiale et le vécu post-traumatique des personnages déracinés et déplacés pour toujours hors de leur maison. Par ailleurs, *The Sweet Hereafter* (1997) raconte l'histoire d'un trauma collectif, soit le désastre d'un accident d'autobus scolaire, la mort de tous les enfants à bord et le déni associé à la vérité de cette histoire traumatique.

1.12. Le post-pertum des personnages d'Egoyan

Notre époque se caractérise par une perception compréhensive de l'expérience de la catastrophe et de la perte. Pour Judith Butler, par exemple, la perte est constitutive des relations sociales, politiques, et esthétiques ; et contrairement aux propos de la pensée conventionnelle, la perte dépasse l'étendue des discours purement

---

[93] Lorsque Wim Wenders lui a offert son propre prix au Festival du nouveau cinéma pour *Family Viewing* à Montréal, Québec, 1987.

psychologiques ou psychanalytiques[94]. La théoricienne soutient que cette condition de la perte a nécessairement des répercussions sur les modes de représentation et de l'expression : « Loss fractures representation itself and loss precipitates its own modes of expression[95] ».

Ces propos sur la perte s'appliquent de très près à l'expression artistique de l'ensemble de l'œuvre d'Egoyan, surtout lorsqu'il s'agit de l'impossibilité de saisir ou de raconter toute la perte, c'est-à-dire, lorsque la perte est vécue de manière traumatique. Butler écrit :

> ... the loss of loss itself : somewhere, sometime, something was lost, but no story can be told about it ; no memory can retrieve it ; a fractured horizon looms in which to make one's way as a spectral agency, one for whom a full « recovery » is impossible, one for whom the irrecoverable becomes, paradoxically, the condition of a new political agency[96].

Dans *Writing History, Writing Trauma*, Dominic LaCapra souligne, de son côté, que le passé traumatique ne peut se dire à travers ladite neutralité et objectivité de l'Histoire[97]. Ainsi, nous pouvons considérer le récit filmique d'Egoyan comme une nouvelle écriture subjective de l'histoire.

1.13. Culture « submergée » et transmission par les femmes

Depuis ses débuts, la production culturelle arménienne raconte la transmission de l'identité arménienne par les femmes ; en même temps, cette réalité met en emphase l'absence du père arménien dans ce qui persistera à exister comme diaspora. L'une

---

94 Judith Butler, « Afterward. After Loss, What Then? » […], p. 467.
95 *Idem*.
96 *Idem*.
97 Dominic LaCapra, *Writing History, Writing Trauma*, […].

des premières représentations de l'identité ethnique arménienne peut être ramenée à l'épopée populaire intitulée *David de Sassoun*, dont les origines remontent à l'époque de la domination arabe qui débuta en l'an 654 de notre ère[98]. *David de Sassoun*, une épopée primitive nationale, associe la survie de l'ethnie et de la culture du peuple arménien à la figure de la mère[99]. Dans cette œuvre mythologique, une princesse au nom de Dzovinar, devant se marier avec un calife arabe menaçant contre la volonté de son père – le roi de l'Arménie à cette époque-là –, supplie son père de la donner au calife afin de sauver le royaume et sa population arménienne. Par contre, le roi arménien pose quelques conditions au calife arabe : la princesse doit s'accompagner d'un prêtre ; elle doit pouvoir pratiquer sa religion chrétienne et le calife ne peut pas s'approcher d'elle pendant une période d'une année[100]. Nous pouvons avancer que la présence inconditionnelle du prêtre lors de ce déplacement forcé de la femme arménienne vient substituer au père absent ; en d'autres termes, une figure religieuse servira comme symbole d'une composante politique manquante associée à la fonction paternelle monarchique. Dans un tel déplacement exilique, la séparation entre l'état et l'église est déjà en marche, avant la lettre.

La suite de l'épopée raconte que la princesse arménienne conçoit deux garçons d'origine surnaturelle. Ces deux fils d'une mère arménienne et d'un père inconnu savent qu'ils ne pourront régner dans leur propre pays car ils sont colonisés. Conscients qu'ils ne passeront pas au rang de père, ils quittent le pays et délèguent ce travail de la transmission culturelle à leur mère. Aisni, la femme se déplace et porte avec elle les symboles de la tradition ;

---

[98] Chaké Der Melkonian-Minassian, *L'épopé populaire arménienne David de Sassoun* […], p. 73.
[99] À ce propos, voir aussi les analyses de l'historien Razmig Panossian dans *The Armenians : From Kings and Priests to Merchants and Commissars* […], p. 57-58.
[100] Chaké Der Melkonian-Minassian, *L'épopé populaire arménienne David de Sassoun* […], p. 40-41.

mais aussi, elle est accompagnée d'un prêtre, substitut du mari/père arménien absent.

La « castration radicale[101] » du père arménien par le génocide perpétue cette tendance à la transmission culturelle par les femmes chez les différents groupes du peuple arménien, ce qui représente des modifications importantes au niveau des généalogies et de la transmission de la culture en diaspora. La transmission de l'héritage culturel arménien passe ainsi par les mères. En effet, comme le souligne Victoria Rowe, spécialiste de la littérature des femmes arméniennes des années 1880-1922, celles-ci étaient considérées comme les mères de la Nation :

> [T]he notion of the Armenian woman as mother of the nation posited that women's roles as mothers had a political component by raising children to be Armenian and patriotic members of the nation[102].

La transmission de la culture et de l'histoire arménienne par les femmes à travers les générations occupe une place centrale dans *Ararat* d'Egoyan. En premier lieu, chez les survivants aux massacres de Van, comme nous le montre le personnage de la mère de Gorky au début de l'histoire. Le discours de Shoushane – la mère de Gorky – est on ne peut plus représentatif de ce modèle féminin de la transmission de la culture arménienne et de la préservation de l'héritage de cette nation minoritaire dans ses moments les plus fragiles. Voilà ce que Shoushane dit en arménien à son fils avant qu'il ne s'échappe pour partir en Amérique :

> If the Turks capture you, you will never give up your faith. You will never forget your mother tongue. If you

---

101 Vahan Yeghicheyan, « Des problèmes de filiation après le vécu collectif d'un génocide (à propos de la minorité arménienne en diaspora) » […], p. 975.
102 Victoria Rowe, *A History of Armenian Women's Writing : 1880-1922* […], p. 13.

survive, it will be to tell this story. Of what has happened here. Of what *will* happen.

En deuxième lieu, le rôle des mères dans la transmission de l'héritage culturel arménien dans *Ararat* est accentué par la création du personnage d'Ani, la mère de Raffi et l'historienne de l'art dont les recherches sur le peintre Arshile Gorky nous ramènent nécessairement aux symboles fondateurs de la culture arménienne, mais surtout à l'histoire traumatique du génocide (voir chapitre 5 ici).

Pourquoi la notion de « culture submergée » chez Egoyan et comment figure-t-elle dans son discours identitaire ? Surtout, quel est le rapport entre cette culture submergée et le rôle de la mère ? Étant complètement assimilé à la culture canadienne-anglaise de la Colombie britannique et ayant grandi, comme il le précise à plusieurs reprises, sans les piliers de la culture arménienne[103], Egoyan met en scène des personnages pour qui la référence culturelle pose problème, ou du moins, elle fait appel à des interrogations identitaires existentielles. Dans une entrevue avec Hamid Naficy, Egoyan précise :

> The most autobiographical element in the films for me is the notion of the submerged culture. The notion of a culture that has somehow been hidden, either for political or for personal reasons. And the notion of the dramatic motor of the film [*Calendar*] being the escaping from or the redefinition of that culture[104].

En fait, les parents d'Egoyan ne maintenaient aucun rapport avec les communautés arméniennes de la diaspora pendant la jeunesse du cinéaste en Colombie britannique, ce qui empêchait le jeune Egoyan d'avoir un quelconque contact avec cette identité ethnique, sa culture et son histoire d'origine. La conscience de

---

[103] Atom Egoyan, « In Other Words » […], p. 887.
[104] Atom Egoyan, « Entrevue avec Hamid Naficy : The Accented Style of the Independant Transnational Cinema » […], p. 221.

la culture non disponible (cachée ou interdite) en tant qu'ancrage identitaire fait aussi l'objet de questionnements identitaires pour les personnages d'Egoyan en dehors du contexte arménien. Se référant aux personnages traumatisés de son film *The Adjuster*, Egoyan parle de la notion de culture comme « something which is a very strong, identifying feature that has somehow been denied to the characters who are most in need of it[105] ».

Cette culture niée est, pour Egoyan, étroitement liée à l'Histoire. Et la conscience de son arménité commence à s'éveiller grâce à sa propre mère qui lui livre un message historico-politique au moment où il quitte la maison familiale pour l'Université de Toronto lorsqu'il avait dix-huit ans. Toujours dans son entrevue avec Hamid Naficy, Egoyan explique :

> I was not raised knowing about Armenian history, and it came to me as a real surprise as I was boarding the plane [...] when my mother said to me, « You know, you can do anything you want with your life, but the one thing that you could do that would hurt me is if you marry a Turkish woman[106] ».

Ainsi coïncident l'histoire traumatique de la diaspora arménienne et l'individuation du cinéaste. La scène de l'aéroport que décrit Egoyan servira de fond pour sa réflexion sur son identité individuelle et collective, ainsi que pour la création de ses personnages d'origine arménienne. Mais comme déjà mentionné, cette marque identitaire teintée de catastrophe, de non-dit et de déni paraîtra dans la caractérisation des personnages d'Egoyan en général ; elle est le propre de sa voix universelle.

Ce conflit historique refoulé dans la mémoire de la famille ainsi que dans la mémoire internationale rend complexe le parcours artistique et intellectuel d'Egoyan. La parole maternelle

---

[105] *Idem*.
[106] *Ibid.*, p. 222.

insinue ici un métissage impossible dans un pays de plus en plus interculturel.

1.14. Diaspora et Génocide : le retour du refoulé

> I was only slightly curious about my Armenian background—or so I thought, although, if I had understood how to acknowledge such matters, I might have known that I was haunted by it… distant and repellent events that I had vaguely heard about and that obviously had little or nothing to do with us [107].

Au tournant du XXIe siècle, la prolifération des productions culturelles se construisant autour de la mémoire du trauma collectif du génocide des Arméniens ne cesse de croître : À part *Ararat* de Atom Egoyan (2002), les nombreuses publications de Lorne Shirinian[108], des événements culturels tels que *Parlons Génocides* (événement annuel organisé par Lousnak à Montréal), les documentaires *Mon fils sera arménien* de Hagop Goutsouzian (2004) et *Le génocide en moi* d'Araz Artinian (2005) constituent quelques exemples de récits de survivance post-génocidaire créés par des artistes obsédé-e-s par l'Histoire de la diaspora arménienne des deuxième, troisième et quatrième générations[109]. Les personnages dans ces productions portent en eux encore aujourd'hui les conséquences de la catastrophe ; ils transportent aussi les restes de leurs ascendants, comme le fait le jeune journaliste montréalais Patrick Mazbourian qui accompagne les cendres de son grand-père qui

---

107 Michael J. Arlen, *Passage to Ararat*, […].
108 Entre autres, *Memory's Orphans* (2002), *Exile in the Cradle* (2003), *This Dark Thing* (2004).
109 Il s'agit ici des productions culturelles de la diaspora arménienne au Canada. La création littéraire, filmique et autres, traitant directement ou indirectement du même sujet, est aussi abondante dans les autres grandes métropoles de l'Occident, notamment Paris, New York, Londres, Los Angèles pour ne nommer que celles-ci.

« retourne » enfin en Arménie dans le documentaire *Mon fils sera Arménien*[110].

1.15. La transmission psychique d'un effondrement collectif

> Les formes postmodernes de la violence ethnique, avec leur caractère « irrationnel » ou démesuré ne constituent plus de simples « retours du refoulé », mais représentent plutôt un cas d'effondrement (du symbolique) qui, Lacan nous l'a appris, retourne dans le Réel[111].

Depuis la chute de l'Union soviétique et les événements sanglants entre l'Arménie et l'Azerbaïdjan, ainsi que la destruction des monuments et des cimetières dans les territoires annexes, l'on témoigne d'un bouleversement identitaire renouvelé chez les membres de la diaspora arménienne. Mais surtout, le tremblement de terre en Arménie le 7 décembre 1988, s'est avéré un événement qui a ramené les Arméniens, non seulement d'Arménie, mais aussi de la diaspora au trauma du génocide de 1915. Il n'est pas difficile de constater ce lien lorsque nous examinons le travail des artistes diasporiques comme Araz Artinian, réalisatrice du documentaire *Le génocide en moi*, dont le premier film fut un documentaire sur ce même tremblement de terre de 1988, intitulé *Survivre l'échelle Richter*[112].

L'anthropologue française Martine Hovanessian (1992) écrit dans *Le lien communautaire* :

> Sous l'effet du drame, la conscience identitaire ensommeillée se manifesta sous une forme émotionnelle. On

---

110 Hagop Goutsouzian, *Mon fils sera arménien* […].
111 Slavoy Žižek *Plaidoyer en faveur de l'intolérance* […], p. 39.
112 Pour la connection entre le trauma du tremblement de terre et celui du génocide, voir les publications de la psychologue américaine Annie Kalaydjian qui a travaillé avec de jeunes survivants du tremblement de terre en 1989 et qui a observé que leurs rêves renvoyaient aux images du génocide de 1915.

percevait une nouvelle dramatisation des processus identitaires et l'émergence de conflits alors refoulés[113].

Ainsi, l'on pourrait renvoyer une partie importante des questionnements identitaires chez les descendants des survivants arméniens à la mémoire du génocide et des déportations vers la mort, car cet héritage, avec tout ce qu'il implique comme effacement et perte, mais aussi, conséquemment, comme reconstruction et ré-enracinement à travers les nouvelles représentations et le « métissage nécessaire[114] » dans les sociétés d'accueil, semble occuper une place essentielle et souvent fondatrice dans la reconstruction de leur identité individuelle. Araz Artinian l'affirme dans *Le génocide en moi* : « ... car tout ce qui m'arrive aujourd'hui remonte au génocide de 1915 ». Dans ce même ordre d'idées, Atom Egoyan fait coïncider les traumas historiques avec les traumatismes personnels de façon constante et structurante (voir chapitre 5 sur *Ararat*).

1.16. Conclusion

Qu'est-ce qui a survécu au génocide ? Et qu'est-ce qui a survécu aux déportations? Quelles sont les stratégies identitaires et mémorielles qu'envisagent les générations post-exiliques, ayant leur origine dans l'effacement catastrophique et dans la coupure généalogique? Ce sont quelques questions qu'aborde Egoyan « directement » dans *Calendar* et *Ararat* et indirectement dans ses premiers longs-métrages, notamment *Next of Kin* et *Family Viewing*. Les tentatives de réponses d'Egoyan constituent une thèse que nous pouvons extrapoler dès son premier film *Next of Kin* et que le cinéaste maintient tout au long de sa carrière. À la question « Qu'est-ce qui a survécu au génocide ? », la réponse d'Egoyan est l'absence et les ruines (à travers la représentation de l'Arménie). À la deuxième, « Qu'est-ce qui a survécu aux déportations ? » :

---

113 Martine Hovanessian, *Le lien communautaire* [...], p. 291.
114 Janine Altounian, *L'intraduisible* [...], p. 120.

la rupture constitutive et la dissociation. Mais le cinéaste ne se contente pas de présenter une esthétique du manque et de l'absence. Dans presque tous ses films, Egoyan utilise des stratégies palliatives, réparatrices, soit les mécanismes de substitution et de fusion, en juxtaposant des réalités contradictoires et extrêmes.

La reprise par l'art de la transmission de la culture et de l'histoire arméniennes en diaspora, ainsi que l'intégration et l'assimilation à la culture canadienne plurielle, constituent les caractéristiques des quatre films d'Egoyan que j'analyse dans les pages suivantes. Cet ensemble de films diasporiques fournit de nouveaux horizons et de nouveaux angles pour l'étude de la production culturelle du Canada contemporain d'une part et des diverses diasporas, d'autre part, surtout lorsqu'il s'agit des altérités radicales pour qui la violence extrême au niveau de l'histoire (génocide et terrorisme, chapitres 5 et 6), ainsi que les nouveaux rapports technologisés dictent des dynamiques familiales hors du commun (substitution et inceste, chapitre 7). Martine Hovanessian maintient que la condition de la survivance au niveau de la diaspora arménienne est « irrationnelle... car elle s'adjoint le sentiment d'une dépossession totale, ne cadre pas avec les schémas classiques des mouvements migratoires, à savoir leurs mobilités hésitantes entre une société d'origine et un pays d'accueil[115] ». Ceci voudrait dire, comme le note l'anthropologue, que l'extériorité des Arméniens de France des réalités migratoires dominantes faisait en sorte qu'il y avait une absence d'intérêt sociologique pour les Arméniens avant les années 1980s[116]. Dans le contexte canadien, la situation de la diaspora arménienne est semblable à celle des Arméniens de France, même si le nombre de rescapés du génocide – surtout des orphelins – était moins important au Canada au début du vingtième siècle.

---

115 Martine Hovanessian, *Le lien communautaire* […], p. 42.
116 *Idem.*

Dans cet ouvrage, j'utiliserai la catégorie du post-exil en parallèle avec les discours théoriques du postmodernisme, du post-colonialisme et de la survivance eu égard au trauma collectif. Les questions de la représentation du pays d'origine seront abordées à partir de perspectives post-nationale et post-ethnique (chapitre 2 : *Next of Kin* : L'histoire d'une nouvelle famille canadienne, chapitre 3 : *Family Viewing* ou après l'immigration : quelle origine pour la famille postmoderne ? et chapitre 4 : Identité nationale et représentations du pays d'origine dans *Calendar* : discontinuité et aliénation). Par ailleurs, la représentation des identités diasporiques en rapport avec l'histoire du génocide sera traitée à partir des théories de la représentation du trauma collectif et de la survivance, telles qu'elles figurent dans la littérature sur le génocide des Arméniens et dans les discours théoriques du trauma en général (chapitre 5 : Filmer le génocide dans *Ararat* : Histoire, déplacement, représentation et chapitre 6 : Réclamer l'Histoire : Culture survivante, transmission et réparation dans *Ararat*. En guise de conclusion de cet ouvrage, j'avancerai l'argument suivant : les personnages post-exiliques chez Egoyan sont à la recherche de membres absents ou disparus de la famille et ne sont pas à la recherche d'un pays quitté.

Prélude à l'analyse des deux premiers films

1. Immigration, ethnicité et multi/interculturalisme canadiens : *Next of Kin* et *Family Viewing*

Il n'est pas un hasard que les deux premiers films que j'analyserai dans cette étude, soient *Next of Kin*, réalisé en 1984 et *Family Viewing* en 1987, comportent des histoires de familles et de fantômes de parentés. Comme l'annonce le titre de chacun des deux films, il est question de la filiation : sa remise en question, sa destruction, sa reconstruction. Les deux films, réalisés cinq années à part, sont étroitement liés dans le sens où il s'agit dans les deux cas d'un personnage principal à la recherche de ses racines filiales : dans le premier film, c'est un fils qui a été séparé de ses parents biologiques ; dans le deuxième film, la mère et la grand-mère maternelle sont exclues de la maison familiale par le père. Les deux films partagent plusieurs points communs, comme par exemple les deux mondes à part des immigrants et des Canadiens WASP, mais *Family Viewing* pousse surtout à fond les divisions de la condition humaine en général ; pour commencer : père – mère, ensuite, animal – humain et finalement, humain – machine.

Les deux films constituent des romans familiaux qui sont représentatifs des réalités migratoires (post-)exiliques et diasporiques, mais aussi des réalités canadiennes-anglophones. Les familles présentées dans les deux films sont non seulement très différentes de par leur dynamique filiale et culturelle, mais elles représentent aussi les extrêmes des pôles identitaires propres au contexte canadien des années quatre-vingt. Dans *Next of Kin*, les parents sont des immigrants-reçus qui font partie d'une grande famille ethnique distinguée par sa langue étrangère et ses coutumes exotiques. D'autre part, la famille canadienne-anglaise est nucléaire : elle se limite aux trois membres de père, mère et fils, qui communiquent peu entre eux, et qui n'ont pas de lien apparent avec de proches parents ni avec une communauté culturelle. Parallèlement, dans *Family Viewing*, la famille nucléaire est dissociée de la grande famille et s'insère plutôt dans une culture postmoderne où la technologie fait partie intégrante de la vie quotidienne et domine les relations humaines. Dans ce deuxième film, l'allusion à la grande famille – en l'occurrence, la grand-mère arménienne – nous est transmise à travers une distanciation évidente : nous ne voyons la grand-mère qu'à travers l'image dans des cassettes vidéo, ou dans son lit à la maison pour personnes âgées, ou encore dans des lieux de passage, comme à l'hôtel et à l'abri ; mais jamais dans l'appartement de la famille nucléaire.

Mais cette représentation des extrêmes n'occulte pas la possibilité de l'entre-deux interculturel ; certains personnages, notamment les jeunes, ont une existence liminale et tentent de réconcilier les deux identités qui les constituent. D'où l'importance de la question de l'ethnicité et des différentes générations familiales, ainsi que les modalités de transmission de la mémoire dans le contexte de l'immigration et de la diaspora. Dans les pages qui suivent, j'envisage d'étudier la manière dont Egoyan aborde les questions chères à son cinéma : soit la famille et l'ethnicité, les différentes générations diasporiques (exiliques et post-exiliques), la transmission de la mémoire et la technologie, ainsi que le rapport à l'histoire et à l'origine. Nous pouvons situer les deux films dans deux discours importants du contexte canadien des années quatre-vingt et quatre-vingt-dix : celui de l'immigration canadienne, et celui du postmodernisme canadien.

S'ajoutent à ces analyses canadiennes de l'immigration, du multi/interculturel et du postmodernisme les questions spécifiques de l'identité arménienne diasporique. Celle-ci, n'étant jamais nommée explicitement dans aucun des deux films, constitue le sujet principal des deux derniers films que j'analyserai dans les chapitres suivants, à savoir : *Calendar* (chapitre 4) et *Ararat* (chapitre 5 et 6). Dans ce sens, les théories récentes sur l'interculturel ne sont pas suffisantes pour étudier la production filmique d'Egoyan. Dans *The Skin of the Film : Intercultural Cinema, Embodiment and the Senses*, Laura Marks, par exemple, présente des analyses profondes de la production culturelle des minorités canadiennes, mais son étude concerne plutôt la culture de l'immigration récente[1], c'est-à-dire des cultures de l'exil oscillant dans la tension entre le pays quitté et le pays d'accueil, entre l'idée d'ici et d'un ailleurs auquel le retour est souvent possible. Ce détail de « retour possible » est d'une importance capitale pour l'étude des cultures diasporiques en général, mais surtout pour l'étude de la diaspora arménienne pour qui l'exil relève d'un exode radical du pays d'origine, sans possibilité de retour[2]. La distance et le détachement de l'identité et des lieux d'origine pour les générations post-exiliques sont décisifs et déplacent les questionnements sur l'identité et sur l'altérité hors de la catégorie de l'exil. La minorité arménienne du Canada se distingue des autres minorités diasporiques en ce qu'elle constitue une « altérité radicale[3] » ; elle se différencie aussi des autres communautés culturelles par la spécificité d'être fondée sur un groupe de rescapés du génocide de 1915, comme les jeunes

---

1 Laura Marks, *The Skin of the Film : Intercultural Cinema, Embodiment and the Senses* […], p. 1.
2 Janine Altounian 1990 ; Alexis Nouss 2005.
3 Ce terme appartient à l'anthropologue Martine Hovanessian (voir la conclusion du chapitre 1 ici).

orphelins connus sous le nom de « Georgetown Boys[4] ». Cette information est décisive pour l'analyse du film *Next of Kin*, car le personnage principal, Peter Foster, incarne cette identité d'orphelin à la recherche d'une famille originaire. Il s'agit enfin d'une minorité associée à une violence extrême, et qui produit, en 1982 et pour la première fois dans l'histoire diplomatique du Canada, un acte de terrorisme qui concerne cette histoire qui a eu lieu ailleurs, hors du territoire canadien. Cette thématique sera abordée dans les chapitres cinq et six.

1.1. Immigration et (post-)ethnicité

> We are all immigrants to this place even if we were born here[5].
>
> This awareness is a fundamental part of the Canadian sensibility[6].

Si c'est l'immigration qui est la réalité fondatrice du Canada, elle est aussi à la base de la politique canadienne du multiculturalisme introduite au début des années quatre-vingt et dont le but est de préserver la diversité, reconnaître les différences culturelles et promouvoir l'intégration des communautés culturelles au sein de la société canadienne. Cette reconnaissance et intégration des membres des minorités ethniques dans la société d'accueil donne lieu à de nouvelles expressions identitaires, surtout chez les nouvelles générations dont le contact, le partage et l'échange avec les peuples fondateurs résultent en une nouvelle culture hybride dont la constitution est inédite. Dans ce sens, *Next of Kin* présente non seulement l'histoire d'une famille immigrante, mais aussi, l'histoire de la société canadienne dans son devenir interculturel.

---

4 Isabel Kaprielian-Churchill, *Like Our Mountains : A History of Armenians in Canada* […], p. 164.
5 Margaret Atwood, *The Journals of Susanna Moodie*.
6 Marion Richmond, *Other Solitudes*.

D'autre part, *Family Viewing*, examine les réalités familiales d'après l'immigration et après l'intégration, c'est-à-dire, après l'hybridité culturelle.

1.1.1. Le contexte canadien des années 80 : multiculturalisme, famille et ethnicité

Dans le Canada multiculturel, la notion d'ethnicité est d'une importance capitale, surtout en raison de son association étroite aux réalités culturelles dans le contexte de l'immigration massive au Canada. Plusieurs instances sociétales dont la grande réception du célèbre essai de Neil Bissoondath, *Le marché aux illusions : La politique du multiculturalisme au Canada* en 1994, suivi par le débat national sur le multiculturalisme à la CBC à l'automne 1994, ainsi que la bourde référendaire de Jacques Parizeau sur « le vote ethnique » en octobre 1995 au Québec ont renforcé la préoccupation par le sujet de l'ethnicité auprès des artistes et des chercheurs, ainsi que de la population canadienne en général.

L'ethnicité est souvent associée au groupe familial et communautaire de l'immigrant. Dans *Autobiographics*, Leigh Gilmore offre des analyses pertinentes au sujet du rapport entre famille et ethnicité. Se basant sur les écrits de Cherrie Moraga–une écrivaine hispanophone des États-Unis, Gilmore théorise la *familia* du point de vue des discours identitaires des Chicanas dans le melting-pot états-unien. Pour ces dernières, il s'agit d'une famille/communauté à l'intérieur de laquelle co-habitent religion, sexualité et ethnicité : « The *familia* forms a nexus within which collide Catholicism, sexuality, and ethnicity, all of which have deep layered, even formalized, meanings of their own[7] ».

La famille serait donc un lieu hautement chargé de sens et d'émotions, mais aussi un espace dans lequel chevauchent amour et combat. Cet espace offre un terrain où règnent ambivalence et contradiction en ce qui concerne la parentalité et l'appartenance

---

7   Leigh Gilmore, *Autobiographics* […], p. 186.

religieuse. Notons que dans *Next of Kin*, le nom de famille du père arménien, *Deryan*, fait allusion à la religion chrétienne, ainsi qu'à l'organisation patriarcale de la culture arménienne. La racine *DER* dans Deryan est le mot arménien qui désigne le Seigneur, le Maître, ou le Père, au sens religieux. Quant au suffixe *-yan*, il s'agit d'une variation de *-ian*, qui désigne la lignée de la filiation arménienne. Ainsi, le père arménien dans *Next of Kin* incarne le Père avec un grand P : Père de la nation arménienne chrétienne, puisque l'identité arménienne traditionnelle et la survie même du peuple arménien sont étroitement liées au christianisme[8]. Ajoutons ceci, que *Der* signifie aussi en arménien 'propriétaire' ; il va sans dire alors qu'ici, le père est également le propriétaire de sa femme et de ses enfants.

Dans les deux films analysés ci-dessous, la famille est patriarcale ; le renversement du système de la famille traditionnelle va donc de pair avec le renversement de l'autorité paternelle. La production du sens national se voit alors entravée en diaspora, puisque cette production-là nécessite le cadre de la famille patriarcale.

Si Egoyan a choisi la famille pour présenter le contexte des transformations identitaires, c'est qu'elle s'avère essentielle pour déceler les modalités de la construction de l'identité post-ethnique des descendants des immigrants. Les personnages provenant de ces familles déplacées transforment non seulement l'institution familiale, mais aussi la société en général. Le fait de centrer le regard du spectateur sur l'écran vidéo où nous voyons des familles en psychothérapie nous annonce déjà, dès le début du film, que ce sont bien les relations familiales qui sont remises en question. Ce focus particulier sur les questions de famille est renforcé tout au début du film dans la scène de l'ascenseur où un jeune couple WASP discute de leurs problèmes familiaux.

---

8   Razmik Panossian, *The Armenians : Froms Kings and Priests to merchants and Commissars* […], p. 42.

Dans les deux films *Next of Kin* et *Family Viewing*, Egoyan contextualise en détail les problèmes familiaux. Si la famille est un microcosme de la société, et Egoyan nous donne à voir des familles dont les valeurs, la culture et le quotidien sont à l'extrême opposé de ceux de la société d'accueil dans les années quatre-vingt perçue comme majoritairement WASP à l'image de la société colombienne-britannique où vivait le cinéaste depuis sa petite enfance. Egoyan voudrait justement montrer que la société canadienne n'est pas homogène[9]. Le contact des jeunes de la nouvelle génération – enfants d'immigrants et enfants des WASP – se fait dans la rencontre de ces extrêmes et donne lieu au métissage et à l'hétérogénéité. En effet, comme nous montre l'exemple de *Next of Kin*, nous passons du paradigme multiculturel à celui interculturel. Mais la rencontre des différences peut aussi être le lieu d'exclusion et d'occultation. Ainsi, dans *Family Viewing*, la relation entre les parents mixtes laisse à désirer. Ici, Egoyan nous donne à voir un jeune fils déconnecté de sa grand-mère/grande famille maternelle arménienne ; et ses efforts de reconnexion nous laissent dans la non-résolution.

En fin de compte, ce qui est essentiel au niveau des transformations de la structure familiale, c'est la question de l'organicité des liens familiaux. Le déplacement de l'axe de la famille caractérise les métamorphoses de l'institution autour de la fin du vingtième siècle[10]. La famille avait toujours été une institution centrée sur le facteur biologique que l'on désignait de lien primordial et indissoluble. En effet, les théories sur la famille dans les sociétés traditionnelles identifient cette institution comme l'unité qui désigne la forme de lien la plus *naturelle*, sinon toujours la plus forte, qui unit les êtres humains entre eux. Héritage *biologique*,

---

9   Cette préoccupation émane de l'expérience réelle vécue dans l'enfance du cinéaste à l'école en Colombie-britannique où il ressent un certain préjugé par son éducatrice.
10 Jean-Michel Gaillard, *La famille en miettes* […], p. 151.

psychologique et social auquel toute personne a droit, elle paraît indispensable à son développement[11].

Avec les démantèlements des structures sociales et familiales, donc, les aspects naturels et biologiques des liens familiaux sont menacés. Dans *Next of Kin*, Egoyan voudrait promouvoir un modèle alternatif à la cellule familiale traditionnelle, et pour ce faire, il emploie la stratégie de substitution. Ce modèle de substitution génère de nouvelles possibilités relationnelles au niveau de la famille, et la dynamique familiale est pour toujours déstabilisée (voir section « Substitution et inceste » dans la conclusion). Dans le contexte du multiculturalisme canadien, la remise en question de la famille traditionnelle touche directement les questions de la filiation et de l'altérité. Ainsi, dans *Next of Kin*, le fils arménien « retrouvé » est en fait un fils-substitut, canadien-anglais –un Autre–, et ne peut perpétuer la lignée Deryan de façon *naturelle* ; dans *Family Viewing*, la mère biologique arménienne a disparu et est substituée par une femme canadienne-anglaise qui transgresse la loi du Père en rompant le tabou fondateur et constitutif de la famille, celui de l'inceste. Finalement, l'exclusion de la grand-mère arménienne du foyer familial dans ce deuxième film vient boucler la représentation du modèle d'éclatement de la famille en général, et la fin de la famille naturelle en particulier. La famille vit désormais avec une population impersonnelle et électronique, celle émise par les ondes de la télévision (voir section 2 « Médias et distance » dans la conclusion).

---

11 Philippe Jeammet « Au risque de l'attachement » […], p. 67.

Chapitre II

Next of Kin : l'histoire d'une nouvelle famille canadienne

Court résumé du film
Next of Kin (1984)

Un jeune homme canadien-anglais, Peter Foster, suit des séances de psychothérapie où sont utilisés des cassettes vidéo et d'autres matériaux d'enregistrement. Il rencontre, dans une des cassettes, une famille immigrante qui est aussi en thérapie familiale pour des raisons différentes que les siennes. Peter Foster décide d'aller vivre dans cette famille, simulant être leur fils abandonné, Bédros. Cette famille arménienne avait donné leur fils à l'adoption lors de leur arrivée au Canada dans le but de faciliter leur survie matérielle en tant qu'immigrants.

2.1. Introduction : *Next of Kin* ou une histoire d'adoption

> Only Armenians will be able to recognize how critical of Armenian families the film is[1].

---

1 Atom Egoyan, Entretien avec Marshall Delaney, « Ethnic Humour » […], p. 53.

Next of Kin raconte l'histoire d'une immigration et de la vie quotidienne d'une famille dans un nouveau pays : les enjeux de l'exil chez la première génération d'immigrants, de l'intégration et de l'assimilation, c'est-à-dire, les transformations identitaires chez les membres de la deuxième génération de la famille immigrante. Aussi importants donc que les figures exiliques des parents immigrés sont les figures post-exiliques, ainsi que les membres de la nouvelle société, soit les Canadiens-Anglais. Dans ce sens, le film nous fait part des changements non seulement à l'intérieur de la dynamique familiale plongée dans la condition exilique, mais aussi par rapport à la société d'accueil ainsi qu'à celle d'origine. Cette société d'origine figure à travers la famille ou la grande famille, mais sans être nommée, et dont le lieu n'est ni filmé, ni mentionné. Comme si, et peut-être s'agit-il d'une stratégie filmique utilisée consciemment par le cinéaste, l'histoire occultait l'origine.

Next of Kin est aussi un film sur l'adoption et les enjeux de l'adaptation, comme le suggère le nom de la famille canadienne-anglaise, Foster, c'est-à-dire, 'adoptif'. Ce nom, Foster, parle clairement de cet aspect fondamental et constitutif de la culture migratoire, ainsi que de la culture canadienne : adopter un nouveau pays, une nouvelle culture, une nouvelle langue, mais aussi donner ses enfants à l'adoption, comme le font les parents arméniens, afin de se garantir un nouveau lieu de résidence, de nouvelles valeurs et de commencer une nouvelle vie. Mais le film nous rappelle également que l'adoption se fait dans l'autre sens. Ainsi, Peter, le Canadien-Anglais va se faire adopter pour une certaine période par la famille arménienne. Pour la diaspora arménienne au Canada, la question de l'adoption est d'une signification particulière puisque les premiers arrivants dans ce pays, les jeunes orphelins de Georgetown, ont tous été adoptés par des familles canadiennes[2]. Ce premier long-métrage reproduit donc

---

2   Pour l'histoire des *Georgetown Boys* et leur intégration dans la société canadienne, voir les travaux de Lorne Shirinian, surtout, *A History of Armenia*

cette expérience d'adoption canadienne et le processus d'assimilation à la culture d'accueil.

Le titre de ce premier film, *Next of Kin*, « *Proche parent* » annonce déjà le rapport entre les membres d'une grande famille. Le personnage principal du film, Peter, évalue la possibilité d'être proche en étant distant des parents, des membres de la grande famille qui s'associent traditionnellement au groupe ethnique (J'y reviendrai dans la section 2.3.3. « Ethnicité et performance de l'identité »). Ce film a été catégorisé au Canada comme « ethnique » et « multiculturel ». Dans « Ethnic Humour », par exemple, Marshall Delaney écrit que *Next of Kin* constitue un essai sur l'ethnicité au Canada[3]. Dans un autre article intitulé « Scanning Egoyan », Cameron Bailey écrit que malgré le scepticisme d'Egoyan envers la politique fédérale canadienne du multiculturalisme, le cinéaste risquait d'être nommé « Canada's 1st multicultural Feature Film-Maker, grant-magnet and prize pony[4] ». Enfin, le thème de l'ethnicité dans le film a été mis en avant par plusieurs : « Even the response in Variety [...] appreciated the 'full-bodied wit and ethnic flavor' of the Armenian family scenes[5] ».

Mais Egoyan n'aborde pas le sujet de l'ethnicité du point de vue réducteur que les adversaires de la politique du multiculturalisme critiquent. Au contraire, loin d'enfermer les membres d'une communauté culturelle dans un ghetto identitaire où tout est prédéterminé et défini une fois pour toutes, Egoyan nous donne à voir des personnages dont l'identité ethnique est fragile, instable, et dont la transmission pose problème. Pour Marshall Delaney, si *Next of Kin* est un essai sur l'ethnicité, il en est un dont la fin est ambiguë et indécise, mais aussi, qui se prête au combat et à

---

and Other Fiction. (Est-ce un hasard que le père arménien dans *Next of Kin* s'appelle George?)
3   Marshall Delaney, « Ethnic Humour » […], p. 53.
4   Cameron Bailey, « Scanning Egoyan » […], p. 46.
5   Jonathan Romney, *Atom Egoyan. World Director Series* […], p. 38.

la résistance : « It seems to say, among other things, that in the course of growing up, we must all judge our own communities harshly[6] ». En effet, les critiques d'Egoyan s'accordent quant aux conclusions ambiguës et incertaines de ses films. Dans *Next of Kin*, le personnage principal, Peter, pourrait être considéré comme le Sujet post-ethnique et post-national par excellence, car il a une posture consciente et critique de sa propre communauté nationale ainsi que de ses deux communautés d'appartenance, canadienne-anglaise et arménienne.

2.2. Qui est Peter ?

Le personnage principal de *Next of Kin*, Peter, n'est pas un simple Canadien-Anglais. Pour commencer, il se nomme Peter Foster ; son identité est donc liée à un processus d'adoption. Il est aussi Bédros, le fils arménien assimilé. En d'autres mots, en étant un Canadien-Anglais assimilé, Peter représente un membre de la diaspora arménienne qui a été éloigné de sa famille, coupé de ses racines organiques ; étranger donc à son identité d'origine, complètement intégré dans la société de l'Autre, comme l'est d'ailleurs Egoyan lui-même. En effet, dans une entrevue avec Hamid Naficy, le cinéaste raconte la démarche consciente de son assimilation en tant que jeune élève à l'école anglophone, où il décide de ne plus parler sa langue maternelle, l'arménien[7]. Autrement dit, Peter/Bédros symbolise un déplacement primaire et fondateur : il incarne l'identité post-exilique par excellence, c'est-à-dire, une identité qui adopte le nouveau, l'Autre. Dans ce sens, il ne peut perpétuer l'héritage de l'identité arménienne que ses parents aimeraient lui transmettre, car, comme le signale Patricia Smart : « [l]a pérennité de la Loi du Père doit dépendre de la complicité

---

6 Marshall Delaney, « Ethnic Humour » […], p. 55.
7 Atom Egoyan, « Entrtien avec Hamid Naficy » […].

(ou de la défaite) des fils et des filles, de leur acceptation des rôles qui leur sont assignés dans le texte culturel[8] ».

2.3. Déplacement et diaspora

2.3.1. Les identités déplacées

Next of Kin ouvre avec une scène d'arrivée, celle de Peter à l'aéroport, mais surtout celle d'une valise que nous voyons réapparaître répétitivement sur le tapis roulant qui sert de transition entre le voyage et le pays d'accueil. Ces instances d'arrivée annoncent une rupture avec ce qui a été quitté, avec le contexte duquel sont dissociés les personnes et les bagages. Figurent aussi dans cette scène d'ouverture de quatre minutes d'autres indices de déplacement, notamment, les jambes d'hommes et de femmes avec des sacs sur l'épaule. Cette scène de ce premier long-métrage annonce déjà les identités déplacées ou les personnages en déplacement qui habitent presque tous les films d'Egoyan. Le mouvement répétitif du bagage sur le tapis roulant symbolise une certaine obsession par un passé historique personnel, familial, et socio-culturel. La répétition pourrait suggérer le caractère traumatique de la perte suite à l'exil ou à l'histoire refoulée. Mais il en reste que l'histoire est celle d'une arrivée et qui commence par cette arrivée dans le territoire canadien, notamment, l'aéroport de Toronto, filmé d'ailleurs plusieurs fois par le cinéaste dans différents films au cours de sa carrière. S'il s'agit dans ce film du voyage de Peter dans une nouvelle ville, j'aimerais montrer que cette image du voyageur est une métaphore pour le déplacement originaire de la diaspora arménienne dont le cinéaste est issu. Jean-Louis Leutrat l'a aussi remarqué dans *Cinéma et Inconscient* : « Et comme les situations et les postures dans ce film sont nomades, les voyageurs, ce sont d'abord, bien évidemment, les Arméniens émigrés[9] ».

---

8   Patricia Smart, *Écrire dans la maison du père* […], p. 32.
9   Jean-Louis Leutrat, « Next of Kin » […], p. 101-102.

En effet, plusieurs occurrences d'arrivée figurent dans le film : l'arrivée de la famille Deryan au Canada, dont nous entendons l'intitulé à plusieurs reprises ; l'arrivée de Peter dans la famille Deryan en haut de l'escalier lors de leur première rencontre, et ensuite dans la maison familiale ; l'arrivée de Peter dans la chambre d'hôtel dans la nouvelle ville ; l'arrivée de Peter à la fête-surprise où toute la grande famille l'attend. En fait, les personnages n'arrêtent pas d'arriver et donc de devenir. Mais aussi de partir et de rompre, sans aucune mention de retour au lieu quitté.

Ces déplacements ont une fonction déterminante dans la vie des personnages et impliquent des conséquences décisives. Ils constituent des métaphores de déplacements intérieurs de l'identité (de la mêmeté) de l'immigrant. Pour le Sujet immigrant, le déplacement exige un travail de redéfinition du soi et cette redéfinition se réalise avec de nouveaux outils, ceux du nouveau pays, notamment les outils technologiques, comme le magnétophone-enregistreur, seul compagnon de Peter lorsqu'il est loin de ses deux familles : Peter est un nouveau Sujet en déplacement/en devenir. Ce travail de reconstruction de l'identité est l'équivalent d'un voyage d'individuation, un peu comme celui qu'a entrepris Egoyan lui-même à l'âge de 18 ans et dont il parle longuement dans une entrevue avec Hamid Naficy en 1997. Pour le jeune cinéaste-en-devenir, le processus d'individuation s'accompagne dès le départ – départ au sens littéral aussi, car Egoyan quittait la maison familiale de Victoria pour étudier à Toronto –, par une sensibilisation à son identité d'origine jusqu'alors refoulée, voire interdite. Parfaitement assimilé à l'identité canadienne-anglaise de la Colombie-Britannique, Egoyan, en prenant conscience de cet « interdit » se voit s'embarquer sur un nouveau terrain. En effet, le jeune cinéaste, comme Peter, est face à un « nouveau » chapitre d'interrogation et de découverte d'une identité qu'il qualifiait de « submergée » et qu'il ne saura pleinement représenter que vingt ans plus tard, soit, dans *Ararat*.

2.3.2. L'identité en transit

> Le travail d'individuation qui s'accomplit dans l'espace subjectif de l'écriture correspond à la nécessité pour le Sujet de se redéfinir lors du travail de la migration. Le langage joue le rôle d'un *oïkos* : habitat permettant au sujet d'aménager cette transition[10].

Dans le langage cinématographique d'Egoyan, *Next of Kin* offre plusieurs sortes d'habitat de transition, qui sont des lieux de passage par excellence, tel l'aéroport de Toronto où Egoyan lui-même arrive pour s'individuer et en même temps, et paradoxalement, pour se connecter à ses racines arméniennes, comme mentionné plus haut. D'ailleurs, c'est là, à l'aéroport de Toronto où le spectateur peut voir le jeune cinéaste lui-même la première fois dans le film ; il s'agit de la scène d'ouverture où Egoyan joue le rôle d'un arrivant qui prend sa valise du tapis roulant : il s'agit certes d'une scène originaire d'où procède le Sujet migrant[11]. La deuxième fois que nous voyons Egoyan lui-même dans le film c'est lorsqu'il fait partie de la foule arménienne, la « horde primitive » devant laquelle Peter livre son discours individualiste/individualisant de Peter, et nous voyons bien que personne dans cette foule serrée ne le comprend (voir plus bas). Nous pourrions suggérer que ces deux apparitions filmiques de la personne même d'Egoyan dans des contextes contradictoires – l'un représentant l'aspect individualiste et l'autre collectif – sont en parallèle avec les deux mondes qui constituent l'identité du Sujet immigrant, soit le Canada et le groupe ethnique d'origine.

Un autre lieu de transit mis en relief dans le film est la chambre d'hôtel où Peter va justement pour enregistrer ses réflexions sur

---

10 Simon Harel, « Demander refuge à la littérature: l'écriture expatriée de V.S. Naipaul » […], p. 15 ; souligné dans l'original.

11 Cette remarque est très intéressante dans le sens où dans *Calendar*, nous voyons le cinéaste uniquement à Toronto, sur le territoire canadien mais jamais sur le territoire arménien du pays d'origine !

lui-même, sur soi donc pendant son absence de sa maison familiale, c'est-à-dire, pendant sa transition de sa famille biologique à la famille d'adoption. Outre ces espaces de transit (l'aéroport et la chambre d'hôtel), nous pouvons signaler le trajet en voiture, un court voyage pendant lequel Peter est en train de se réapproprier des traits identitaires de son héritage d'origine. En dernier lieu, nous pouvons signaler le cabinet du psychothérapeute comme lieu de transition, ou du moins de transformation identitaire, au cours de laquelle l'identité devient une construction consciente. C'est ainsi qu'Egoyan filme la reconstruction de l'identité du Sujet migrant. Le cinéaste nous donne à voir des lieux de transit pour représenter les transformations de l'identité ; il s'agit en effet des espaces d'entre-deux intime et fragile : entre le passé et le futur, entre le vieux et le nouveau, entre le biologique et l'adoptif. En même temps, il va de soi qu'ici Egoyan filme la perte et la conscientisation de cette perte constitutive des nouvelles identités migrantes.

2.3.3. *Ethnicité et performance de l'identité*

> Loosened from the biological moorings of blood and descent, identity is now recognized as socially produced. The hereditary kinship is being relaxed in favor of new collective formations based on constructed paradigms. Because in exile the familiar becomes unfamiliar and the natural denaturalized, one is forced to face, perhaps more than at any other time, the essential constructedness of one's own structures of belonging. Distanced from familial and familiar structures, the exiles are in an enviable position of being able to remake themselves. If it can be constructed, identity can also be reconstructed, deconstructed—even performed[12].

---

12 Hamid Naficy, *An Accented Cinema* […], p. 269.

Cette nouvelle identité canadienne post-ethnique, dissociée de son contexte primaire organique, provient d'une identification consciente et critique par un Sujet en construction à une ethnicité elle-même diffractée, reposant sur des identifications fragmentaires et surtout symboliques, en reconstruction sous les dictats de sa condition diasporique. En fait, les définitions traditionnelles du groupe ethnique ne sont pas suffisantes pour définir le groupe ethnique arménien. Entre autres, la question du territoire ou du pays d'origine ainsi que le passé historique « commun » sont fort complexes pour la diaspora arménienne. La dispersion forcée n'a pas assuré la continuité culturelle, historique ou filiale pour les groupes minoritaires d'origine arménienne en diaspora (voir l'introduction). Ainsi, une des spécificités les plus marquantes de la minorité arménienne au Canada est l'absence d'une origine territoriale commune d'une part, et d'autre part la discontinuité au niveau de toute la structure socio-culturelle, historique et généalogique.

> An ethnic group is a self-perceived inclusion of those who hold in common a set of traditions not shared by others with whom they are in contact. Such traditions typically include '*folk' religious beliefs* and practices, *language*, a sense of *historical continuity*, and *common ancestry* or place of origin[13].

Cette définition du groupe ethnique, courante dans les discours sociologique et anthropologique, ne s'applique pas tout à fait à la réalité diasporique en général. Dans *Next of Kin*, plusieurs indices nous mènent à constater cette nouvelle relation critique et distanciée avec l'ethnicité. Premièrement, Egoyan nous transmet de façon claire et directe les réflexions du fils-substitut, Peter, au sujet de son rapport avec sa famille arménienne supposément biologique. Il s'agit de la scène où, après avoir été surpris par la fête

---

13 George A. De Vos, « Ethnic Pluralism : Conflict and Accomodation » […], p. 18, souligné dans l'original.

d'anniversaire que la famille arménienne lui avait préparée, Peter va livrer un discours qui dévoile sa perception du lien familial et communautaire. Déjà, en choisissant un fils-substitut – non biologique – comme le fils retrouvé, Egoyan voudrait nous faire part de la fragilité des liens filiaux chez cette famille immigrante, mais aussi chez l'autre famille, canadienne-anglaise, abandonnée par leur propre fils biologique. De plus, il importe de souligner dans cette construction identitaire la rupture radicale avec les traditions et l'histoire qui s'avère constitutive et qui se transmet même par le père arménien, George Deryan. Nous écoutons ainsi Monsieur Deryan annoncer à Peter les avantages de commencer sa vie à zéro : « When you start with nothing, everything you earn is yours ». Ainsi, en se distanciant radicalement du passé, de la tradition et de l'histoire, l'identité ethnique n'est qu'un rôle à jouer pour des fins stratégiques.

Tout d'abord, nous, les spectateurs, nous savons que Peter n'est pas le fils biologique de la famille Deryan. Alors, dès le début, Egoyan construit un personnage qui *joue* le rôle du fils biologique, et donc, ce personnage a une forte conscience de qui il est, de qui il est en train de devenir en s'individuant. Qui plus est, le fait qu'il *joue* le rôle du fils lui permet une maîtrise ou un contrôle de sa personne/de son propre personnage. Ce contrôle de soi, associé à l'acte de *jouer* un rôle, suggère la distance entre le personnage et l'identité qu'il adopte pour ce rôle même. Dès lors, nous sommes convaincus que le personnage de Peter peut manipuler son identité au niveau de la dimension ethnique, puisque c'est au groupe ethnique, à la grande famille, qu'il s'adresse dans son discours. Voilà ce que le jeune fils a à dire à sa grande famille arménienne, après avoir passé une semaine dans la famille Deryan :

> I've learned something very very important in the last few days and that's that in a way it's a pity that you're born into a family ; if you're raised with a group, you're obliged to love them and that really denies you the possibility of getting to know them as people *outside*

of that group. Now in a way, that means that you can never really *love* your family. And that's because you're denied the freedom that's required to make that sort of commitment. I guess that's called the *freedom of choice*, and finally, I'd like to say...

C'est ici que le discours de Peter est interrompu graduellement par la foule bruyante arménienne. À ce moment même où Peter parle de *freedom of choice* (« la liberté de choisir »), sa grande famille le passe sous silence. Déjà, après deux phrases à partir du début de son discours, nous entendons des voix indifférenciées de personnes confuses qui demandent en arménien ce que Peter est en train de dire. Il n'y a pas de sous-titrage[14], mais le spectateur qui comprend l'arménien entend cette perplexité, voire, ce choc. À ce même moment-là, c'est le père qui prend la parole et suggère qu'il faut s'amuser et faire la fête. Après cette interruption, Peter, pour plaire à son père et à sa grande famille, simule, avec un sourire qui contraste au ton sérieux qui marquait son discours, une autre continuation pour sa phrase. Reprenant ses deux derniers mots à lui ainsi que les mots de son père, il propose quelque chose dont il est sûr plaira au groupe :

« And finally, I suggest we *choose* to have a good time tonight ».

Les mots clés dans le discours de Peter avant l'interruption sont : *outside*, *love* et *freedom of choice*. Peter essaie de faire comprendre à son public arménien qu'il est capable de faire ce choix d'aimer la grande famille parce qu'il vient de l'extérieur de ce groupe. Afin de pouvoir jouir d'une certaine liberté de choix, il faut avoir une distance de l'objet aimé. L'enjeu principal est donc la distance. Peter réclame la possibilité du choix au niveau de l'appartenance indiquant la malléabilité de l'identité et la possibilité

---

14 L'absence de sous-titrage est très pertinente chez Egoyan et revient dans *Family Viewing* et dans *Calendar* pour marquer l'aliénation du personnage en rupture avec sa communauté.

de sa reconstruction à partir des choix individuels. D'ailleurs, c'est dès qu'il prononce le mot *choice* que Peter est interrompu. De ce fait, ce mot ou cette notion de choix est si essentiel pour son discours qu'il l'emploie pour simuler sa nouvelle suggestion : « I suggest we *choose* to have a good time tonight ». Notons aussi, qu'à ce moment où il commence à simuler le reste de son discours, Peter introduit dans sa phrase une nouvelle subjectivité, soit, collective : du « je » il passe au « nous » ; il joue. Il joue le nous, et il simule avoir le même désir que le groupe en se prononçant « nous ». Dans cette instance, Egoyan nous donne à voir un semblant d'écroulement d'un « je » dans un « nous » : Le « je » et le « nous » existent dans la même proposition, et le « je » occupe toujours la place du Sujet. Sa subjectivité au singulier reste celle qui occupe la proposition principale. En fait, seulement après quelques secondes, Peter quitte le groupe pour aller avec sa sœur-substitut, Aza, dans la chambre d'à côté. À partir de ce moment, Peter ne fait donc plus partie du « nous ». La caméra se déplace de l'espace public occupé à capacité par le groupe à l'espace privé de la chambre à coucher de la fille des Deryan. Cette distinction entre les individus et le groupe est soulignée par ce que Aza dit à Peter en entrant dans sa chambre en imitant l'accent du père : « They only understood about the part of having 'a good time' ». Par la suite, Peter s'installe avec sa sœur dans un grand lit contre un mur décoré d'un tapis oriental, avec au fond une musique arménienne traditionnelle. Nous pouvons considérer la chambre comme un laboratoire de métissage identitaire, mais aussi, une matrice-métaphore de l'origine arménienne. Dans cette scène se mêlent fusion, distance et performance/simulation de l'identité.

Pour la grande famille arménienne, Peter parle littéralement une langue étrangère, un langage auquel le groupe n'a pas accès. Peter, le fils-substitut, doit alors simuler pour qu'il soit compris ; il doit répéter ce que le père de la famille dit lorsque celui-ci interrompt le discours 'étrange' de Peter : « Let's have fun! ». Cette scène dans laquelle Peter n'est pas compris et symboliquement n'est pas reçu par le groupe nous transmet une critique mordante de la famille ainsi que de la communauté arménienne ou immigrante en général. Ici, l'exclusion n'est pas unilatérale. Si Egoyan a témoigné l'exclusion que ses parents immigrants ressentaient au Canada anglais dans les années soixante et s'il a lui-même subi des moments d'exclusion dans son enfance à l'école[15], la société des immigrants est aussi apte à exclure l'Autre en n'accordant pas d'importance à son discours « étranger », incompréhensible. Loin de suggérer une tentative d'intégration de la part de Peter dans la communauté arménienne, cette scène est chargée des complexités de l'appartenance familiale, groupale et ethnique ; elle met en avant le déplacement vers le non-organique, symbolisé déjà par le départ de Peter de sa famille biologique anglophone. Cette scène insiste donc sur la non-organicité et la singularité comme une condition pour un véritable amour filial et familial.

Réfléchissant avec Jean-Luc Nancy, nous pouvons dire que Peter est un « être singulier ». Dans cette perspective, la communauté se constituerait en un « partage des singularités », dans « la résistance à la fusion » : « [S]ans cette résistance, nous ne serions jamais longtemps en commun, très vite nous serions « réalisés » dans un être unique et total[16] ».

Ainsi, la scène qui suit immédiatement le discours de Peter, celle où il se met avec sa sœur-substitut sur le lit, nous présente la recomposition de la nouvelle famille canadienne. Cette communauté recomposée autour de « sens inouï[17] » est en effet le microcosme de la société canadienne interculturelle. Dans cette scène, Peter va essayer d'influencer Aza de *jouer* le rôle d'une bonne fille, c'est à dire, de performer consciemment l'identité que son père voudrait lui transmettre : « You just play.... », lui dit-il. Le lendemain, nous voyons Peter et Aza dans le nouvel appartement

---

15 Voir l'entrevue avec Atom Egoyan dans « Entrevue avec Hamid Naficy : The Accented Style of the Independant Transnational Cinema » […].
16 Jean-Luc Nancy, *La communauté désœuvrée* […], p. 54.
17 *Ibid.*, p. 59.

d'Aza, où celle-ci rajoute une photographie de Peter dans l'album-photo familial. Le processus de réintégration est complété sous la forme de l'inclusion de Peter dans la famille arménienne.

Ainsi, Egoyan construit-il des personnages qui sont en train de renverser les valeurs et les systèmes familiaux de leur culture d'appartenance. En donnant la possibilité aux membres de la famille de se substituer par d'autres – qui ne partagent pas la même origine ethnique ou biologique – , Egoyan déconstruit la catégorie de l'ethnicité et de l'organicité familiale. En fin de compte, la vision post-ethnique d'Egoyan peut aussi être lue dans le geste de ne pas nommer l'ethnicité dans ce film, comme il est le cas également dans *Family Viewing*. Nous entendons la langue arménienne dans les deux films, mais aucune mention de l'origine arménienne n'y figure. D'autre part, cette omission de nommer relève de l'impossibilité de filmer l'innommable. Si l'ethnicité n'a pas de nom pour les personnages diasporiques d'Egoyan dans ces deux films, c'est qu'elle est insaisissable, mais aussi interdite. Dans les meilleurs cas, pour Egoyan, l'identité ethnique est construite par les personnages, mais le caractère de l'identité ethnique reste pendant les dix premières années de la carrière du cinéaste inachevé, innommable[18].

2.4. Transmission discontinue et dissociation

> C'est toujours dans un moment critique de l'histoire qu'émergent et insistent la question de la transmission et la nécessité de s'en donner une représentation : au moment où, entre les générations, s'instaure l'incertitude sur les liens, les valeurs, les savoirs à transmettre, sur les destinataires de l'héritage : à qui transmettre ? Question féconde [...][19].

---

18 C'est uniquement en Arménie, pays ancestral, que le nom aura lieu. Voir chapitre 4.
19 René Kaës, *Transmission de la vie psychique entre générations* [...], p. 16.

2.4.1. L'origine non filmée

> Le génocide ? Cette origine-là ne se peut filmer. Tout juste peut-on décrire, autour du centre de la catastrophe, un chemin, fait d'allers et retours, une série de boucles ne ramenant jamais au point de départ, mais ne ramenant jamais non plus à « l'origine »[20].

Cette observation de Sylvie Rollet rappelle de très près les discours informulables au sujet de l'expérience du trauma. Les analyses autour du sujet du trauma et de la catastrophe identifient le caractère innommable et non-formulé des expériences limites. Cathy Caruth (1996), écrit dans *Unclaimed Experience* qu'on ne peut pas se souvenir ou représenter le trauma de façon directe. En effet comme nous l'avons déjà mentionné dans l'introduction, il y a chez Egoyan, dans les vingt premières années de sa carrière, une absence de la représentation directe du génocide, même si l'expérience du trauma collectif ainsi que son déni ont fait l'objet de tout le long métrage de 1997, *The Sweet Hereafter*. Comme si la catastrophe et le déni allaient naturellement de pair – comme il est d'ailleurs le cas dans l'histoire des Arméniens. D'où le silence du cinéaste à ce sujet dans ses trois premiers films dans lesquels l'arménité est quand même présente implicitement de façon importante. Il y a là un élément qui manque. Poussé à l'extrême, le silence au sujet de ce passé traumatique peut même être perpétré activement par le mécanisme d'effacement, comme le fait métaphoriquement le père de la famille dans *Family Viewing* (section 3.3.1. « Père Tout-puissant et nouvelle autorité » dans le chapitre suivant). Pour les chercheurs en études culturelles arméniennes, cet effacement représente l'interdiction de la documentation du génocide par les autorités responsables[21].

---

20 Sylvie Rollet, « Le lien imaginaire: une poétique cinématographique de l'exil » […], p. 106.
21 Janine Altounian 1990 ; Lisa Siragnian 1997 ; Isabel Kaprielian-Churchill 2005.

2.4.2. Les passés absents et la reterritorialisation

> Importantly, the notion of homeland, and especially the idea of return to it was no longer central. The homeland had become a culturally foreign and emotionally remote concept for most diasporan Armenians in the West. The 'host' society, conversely, had become 'home' as the boundaries around the community eroded, making it increasingly susceptible to assimilation[22].

L'absence de figuration d'un pays d'origine dans les dix premières années de la carrière d'Egoyan est symbolique de la coupure d'avec un passé associé aux mythes fondateurs. Il est question d'un effacement d'un pays auquel il est impossible de retourner et qui est impossible à imaginer en tant que pays – l'Arménie du génocide n'existe plus– ; il s'agit d'un territoire « où on ne peut que mourir[23] ». Ainsi, les images que le cinéaste nous donne à voir représentent la distance et la rupture d'avec le passé parlent de la perte de l'intégrité symbolique d'une histoire à laquelle les personnages se sentent étrangers.

Le rapport au pays d'origine chez Egoyan est complexe, premièrement, grâce aux faits historiques relatifs à l'Arménie et deuxièmement, grâce au fait du vécu diasporique du cinéaste et sa famille (voir l'introduction, section 1. 13). Pendant les dix premières années de sa carrière, Egoyan présente une absence significative de pays ou de territoire d'origine. Dans *Next of Kin*, le père immigrant, George Deryan, se réfère uniquement pendant quelques secondes au pays qu'il a quitté mais sans le nommer, d'ailleurs. La coupure est claire et définitive : le père préfère le Canada et est content de faire sa vie en recommençant à zéro, loin de son pays natal : « When you start with nothing, every bit you earn fills you with pride », dit-il à son fils-substitut en lui expliquant les démarches de son travail dans le nouveau pays. Il est

---

22 Razmik Panossian, *The Armenians* […], p. 306.
23 Janine Altounian, *La survivance* […], p. 82.

intéressant de noter ici que le public informé sait que ce n'est pas l'Arménie que la famille Deryan avait quittée. Cette information n'a pas toujours reçu l'attention particulière qu'elle mérite dans la critique de l'œuvre d'Egoyan. Souvent, les détails de l'histoire collective des Arméniens transmis dans les films d'Egoyan sont omis par ses critiques. Timothy Shary (1995), par exemple, écrit faussement dans son essai « Video As Accessible Artifact and Artificial Access : The Early Films of Atom Egoyan[24] » que la famille de *Next of Kin* vient d'Arménie (il faut entendre Arménie (ex)soviétique comme seule Arménie possible). Ceci présuppose une continuité là où il n'y en a point. Par la même instance, en nommant l'Arménie comme pays natal, le critique présume aussi une culture d'appartenance erronée. Les coutumes et la nourriture que nous observons chez la famille Deryan font plutôt partie d'une culture méditerranéenne et non pas arménienne-soviétique. De plus, les faits historiques que le père relate au fils-substitut se réfèrent à l'histoire de l'Égypte – le véritable pays natal des parents d'Egoyan et où il est né lui-même – et ne peuvent se référer à l'histoire de l'Arménie. Par ailleurs, Sylvie Rollet, dans son analyse profonde de *Next of Kin*, désigne aussi l'Arménie comme le pays quitté des parents arméniens : « ...un manque redoublé, la perte d'un fils abandonné s'ajoutant à celle de l'Arménie[25] ». Je développerai ces idées dans le chapitre 4.

Le lien avec le pays ancestral, l'Arménie, ainsi qu'avec le pays quitté, l'Égypte, est rompu pour toujours. Cette absence d'un territoire ou d'un terroir d'appartenance première pourrait expliquer la préoccupation persistante du père par sa boutique familiale (boutique qui appartient à la famille, car le père la nomme « *Deryan's* », et plus tard, « *Deryan and Son* »), mais aussi une

---

24 Timothy Shary, « Video As Accessible Artifact and Artificial Access : The Early Films of Atom Egoyan » […].
25 Sylvie Rollet, « Next of Kin. Le fil(s) retrouvé » […], p. 107. Ceci prête à une confusion entre pays ancestral et pays quitté.

boutique pour les familles, car l'on peut lire sur l'enseigne : « *Gifts for the Family* » (Cadeaux pour la famille).

Il y a dans les cultures diasporiques un déplacement des référents du territoire et de la patrie « home-land » sur des référents concernant la famille. Devant vivre au-delà des frontières nationales, au-delà des territoires et des racines organiques d'une collectivité, la famille devient le corps-substitut pour la patrie perdue. Le théoricien de la diaspora indienne Arjun Appadurai illustre ce phénomène en dédiant son livre sur les dimensions culturelles de la globalisation à son fils, à qui il s'adresse en tant que « home » : « For my son, Alok, My home in the world[26] ».

Ainsi, faute d'appartenir à un territoire natal ou d'origine, le père dans *Next of Kin* ne se sentirait en sécurité qu'en dupliquant cette nomination de la boutique « Deryan and Son. Gifts for the Family » sur un T-shirt que son fils-substitut devrait porter. Le fils-substitut se « réapproprie » ainsi son identité familiale « retrouvée » ; du même coup, le père se « réapproprie » son « fils » en lui inscrivant son nom de famille ainsi que le nom de leur boutique sur sa poitrine.

2.4.3. *Les parents en exil et la dissociation chez leurs enfants*

Le film *Next of Kin* présente un cas de dissociation commune aux familles immigrées. Justement, en présentant le personnage de Peter/Bédros, le fils-substitut, Egoyan nous donne à voir un cas typique de parents en exil et de leurs enfants en exil de leurs propres parents. Chez les enfants des immigrants dont l'identité est mixte, il s'agit de la dissociation entre filiation (transmission par ses pères) et affiliation (appartenance à un groupe)[27]. Pour analyser les enjeux et les problématiques de la mixité au niveau culturel – un métissage non sans fragilisation des repères identitaires –,

---

26 Arjun Appadurai, *Modernity at large* […], page de dédicace.
27 Marie-Rose Moro, *Parents en exil*, […], p. 24.

nous aurons recours aux théories récentes de l'ethnopsychanalyse telles qu'élaborées par Marie-Rose Moro.

L'ethnopsychanalyse, une discipline qui s'intéresse non seulement aux fonctionnements psychiques (« le dedans ») chez l'individu, mais aussi à la dimension de la culture (« le dehors »), identifie « la culture vécue » comme étant l'univers culturel que le Sujet « perçoit », « sent » et « habite »[28], ce qui constitue son cadre culturel interne. Ce dernier, de nature psychique, maintient son fonctionnement grâce au cadre culturel externe qui appartient au « groupe social vivant » et sur lequel le Sujet s'appuie[29]. Le Sujet est structuré grâce aux patterns culturels ou des logiques culturelles que l'enfant reçoit dès la naissance. Pour que le cadre culturel interne reste fonctionnel, en d'autres mots, pour que le processus de structuration reste souple et ouvert, et pour que la psyché continue à se structurer systématiquement en recevant les patterns culturels de son groupe, l'harmonie entre le cadre culturel interne et celui externe doit être maintenue. C'est-à-dire, pour que le Sujet reste inscrit dans son cadre culturel, il doit y avoir un rapport de correspondance entre l'individu et son groupe ; le Sujet doit pouvoir s'appuyer sur ce groupe social vivant – ce corps vivant – duquel il est issu[30]. C'est ce processus, donc, celui de l'appui systématique sur le groupe d'appartenance, qui assure la continuité de la transmission intergénérationnelle (que nous pourrions appeler « le processus continu de transmission inter- et transpsychique » puisqu'il assure la survie d'une culture de génération en génération). Lorsque cet appui est rompu, lorsque le cadre externe n'offre plus de soutien à la structure psychique de l'individu, le processus de structuration est interrompu, et sa fonctionnalité se rigidifie[31].

Pour les parents immigrés, le déplacement définitif instaure une coupure fondamentale au niveau de la structuration psychique

---

28 *Ibid.*, p. 77.
29 *Ibid.*, p. 78.
30 *Ibid.*, p. 78
31 *Ibid.*, p. 81.

du Sujet, aussi bien qu'au niveau de la transmission intergénérationnelle des valeurs familiales ainsi que de la culture en général. Selon Moro et Révah-Lévy, le voyage migratoire « constitue un événement signifiant pour la génération qui [le] vivra et pour les générations suivantes[32] ». Ainsi, pour les enfants des immigrants, aussi bien que pour les générations qui suivent, la transmission est discontinue, l'appui sur le groupe social ayant été interrompu par la séparation. Si bien que l'ensemble de l'histoire familiale se voit modifié et ses repères identitaires déstabilisés, ce qui peut entraîner, parfois de façon durable, de l'insécurité et de l'incertitude au niveau de la rencontre avec le Nouveau Monde[33]. C'est d'ailleurs le problème qui nous amène dès le début de *Next of Kin* dans le cabinet du psychothérapeute où le père Deryan dévoile sa vulnérabilité psychologique due à l'immigration. Tout d'abord, un conflit entre ses valeurs et celles de sa fille mène au déplacement littéral de la jeune fille en dehors de la maison familiale : les deux cadres culturels ne correspondent plus l'un à l'autre. Si les parents sont exilés de leur pays natal, leur fille s'exile volontairement de ses parents et de leur héritage.

2.4.4. Transmission et transgression : un père qui n'arrive plus à transmettre

> [L]a Maison du Père [est] évidemment une métaphore de la culture et de ses structures de représentations idéologiques, artistiques et langagières, dont nous comprenons de plus en plus clairement depuis l'émergence du féminisme qu'elles sont la projection d'une subjectivité et d'une autorité masculines[34].

---

32 Marie-Rose Moro et Anne Révah-Lévy, « Soi-même dans l'exil [...] », p. 109.
33 Marie-Rose. Moro, *Parents en exil* [...], p. 81.
34 Patricia Smart, *Écrire dans la maison du père* [...], p. 22.

Pour la jeune fille, Aza, la révolte n'est pas nécessairement contre les parents en tant que tels, mais contre le père qui n'accepte pas la culture et les valeurs de la nouvelle société, celles donc que voudrait adopter sa fille. La mère, quant à elle, semble plus souple et est prête à s'adapter pour que la famille mène une vie harmonieuse : « I just want us to be happy », répond-elle au psychologue qui lui demande son avis sur le conflit père-fille. En fait, la mère est non seulement plus tolérante quant aux valeurs de la nouvelle société, mais elle est aussi complice avec sa fille contre l'autorité du père arménien. La transgression de cette autorité patriarcale associée à la culture nationale ou ethnique n'est possible qu'en collaboration avec le Canadien-Anglais, le fils-substitut. Ainsi, mère, fille et fils jouent un tour et forment une seule équipe solidaire contre le père dans sa boutique familiale. Enfin, en quittant la maison familiale ou la Maison du père, Aza refuse de devenir la femme-objet, c'est-à-dire, « le fondement immuable qui a assuré la solidité de la Maison [du Père][35] ».

Quant au drame du fils donné à l'adoption, cela représente, à mon sens, l'impossibilité de la transmission de la culture d'origine du père dans la condition exilique et ne fait qu'accentuer les sentiments d'insécurité et de contingence chez le père arménien. D'ailleurs, plus tard dans le film, dans un moment intime entre le fils-substitut et la mère, celle-ci demande au fils de rester à la maison, car le père se sent seul et a besoin qu'on l'écoute : « He wants somebody to listen to him », c'est-à-dire, il a besoin d'un fils qui écouterait et qui transmettrait son histoire. Il s'agit finalement d'un père de la nation dont la condition diasporique dicte la dispersion et les multiples déplacements, et qui le met dans un rapport de distance et d'altérité avec la Loi[36]. Il s'agit en fait d'un père qui n'arrête pas d'arriver – de de-venir Autre donc –, mais qui n'arrive plus à transmettre le nom de la nation. Il s'en suit une impossibilité de produire, en diaspora, des fils qui deviendraient

---

35 *Ibid.*, p. 23.
36 *Ibid.*, p. 26.

des pères fondateurs, car, comme le souligne Benyamin Stora dans le contexte de l'Algérie post-coloniale, il y a « effacement de la dernière des figures de pères capables de produire du sens national[37] » ; j'y reviendrai dans le chapitre 4.

Dans le contexte de la diaspora arménienne, la rupture radicale avec l'origine, la désintégration de la transmission culturelle et l'effondrement des liens avec les ancêtres suite au génocide constituent une situation dans laquelle se cristallise la chute du signifiant paternel comme fondateur de la culture, la marque par excellence de la condition postmoderne[38]. Dans ce sens, nous pouvons constater que les identités diasporiques sont subversives dans le sens où elles produisent d'autres sens que celui national, transgressent le modèle identitaire et le mythe fondateur dictés par l'État.

Dans ce premier long métrage, des symboles renvoyant à l'identité ethnique arménienne sont présents, mais aucune référence explicite n'y figure : ni le pays natal, ni l'origine des parents ne sont nommés. Le terme 'arménien' est absent, de même que le nom du pays natal – fort probablement l'Égypte –, alors que l'expérience d'immigration et d'égarement préside et sévit tout au long du film. Cette impossibilité de nommer quelque chose d'absent tout en exhibant les premiers symboles de l'arménité parle d'une difficulté au niveau de la transmission, par le père, de la culture et de l'histoire arméniennes à ses propres enfants et en même temps, donne à voir les transformations au niveau de l'identité exilique et diasporique. Du fait, le film entier parle de cette impossibilité de transmission, puisqu'il s'agit de l'absence du fils « original », ayant été donné à l'adoption en début de l'immigration. C'est ce fils biologique absent qui aurait pu ou

---

37 Benjamin Stora, cité dans Hélène Piralian, « Rupture de transmission et violence » […], p. 150.
38 Pour des analyses au sujet de la figure paternelle au Québec, voir l'excellent essai de François Ouellet, *Passer au rang du père*, Québec, Éditions Nota bene, 2002.

dû, dans les perspectives du père arménien, perpétuer la culture et les valeurs d'origine. Dans ce sens, et surtout puisque la culture d'origine n'est pas nommée, le film peut être considéré comme un générique du cinéma exilique et post-exilique : toutes les valeurs de la culture d'origine sont en train de se dissoudre.

L'identité migrante est sujette à transformation. Dans *Next of Kin*, le repli sur soi dans les phases initiales de l'immigration, symbolisé par la marque du possessif «'s » dans l'enseigne du commerce du père « Derian's » se substitue par l'ouverture ainsi que par l'inclusion de l'Autre, symbolisée par la conjonction « and » et le nom commun « Son », soit le fils canadien adopté, Peter, qui est le substitut au fils arménien Bédros. Cette substitution par le fils canadien au fils arménien absent est une métaphore pour la substitution des valeurs du père arménien – qui ne peuvent être transmises au fils arménien – par les nouvelles valeurs de la société d'accueil, soit le Canada. En fin de compte, adopter un nouveau pays pour la famille immigrante exige de donner le fils, par qui la transmission de la culture et de la mémoire du pays quitté devait se réaliser, à l'adoption par la culture d'accueil. Le processus d'intégration est enclenché et les enfants de la famille immigrante adoptent ainsi les valeurs de la société canadienne. L'assimilation est complète et repose sur la coupure avec le pays et la culture d'origine ; elle donne lieu à la substitution et au métissage.

2.5. Logique de la dissociation et contradiction : de *Next of Kin* à *Family Viewing*

> Il faut y avoir une langue différente. Il faut souligner la distance d'avec cette personne-là... lorsque ce jeune homme de 18 ans se voit dans cette image d'enfant qui est lui-même, qui est une image chargée, il doit être en

train de parler une langue qu'il ne comprend plus. Ceci est ma logique[39].

Poursuivant ses analyses sur la dimension culturelle chez les parents en exil, Marie-Rose Moro maintient que la culture sert à construire un système codé chez l'individu ; ce code intérieur « permet d'anticiper le sens de ce qui peut survenir et donc de maîtriser la violence de l'imprévu, et par conséquent du non-sens[40] ». Le code culturel étant pour toujours déstabilisé par le projet migratoire, c'est l'imprévu qui règne. Le bagage culturel des parents exilés, un élément vital dans la construction de l'identité de leurs enfants, n'est pas la seule composante de la nouvelle identité, mais «constitue un pôle de structuration important et [...] reste efficient malgré l'acculturation[41] ».

Moro identifie une dissociation psychopathologique (et cognitive) qui constitue l'enfant de l'immigrant et qui structure son identité mixte. D'une part, un monde « du dedans, lié à l'affectivité et à l'univers culturel des parents » et d'autre part, un monde « du dehors, de l'école, des médias... », soient les règles et le système de la culture du pays d'accueil[42]. Cet univers culturel interne discontinu, celui de la famille ou des parents déplacés, constitue le cadre culturel interne ou psychique de l'enfant de l'immigrant. Lorsque l'enfant va à l'école dans le pays d'accueil, cette structure intériorisée de la culture d'origine ne correspond plus à la culture de la société où il vit, c'est-à-dire externe[43] et entre en conflit avec

---

39 Atom Egoyan, « The Alienated Affections of Atom Egoyan, Interview with José Arroyo » [...], p. 18, ma traduction. Voici le passage tel que transcrit en anglais : « [Y]ou have to have a separate language there. You have to stress this person's distance.... when this 18-year-old is looking at this image of himself as a child, which is this very potent image, he has to be speaking a language that he doesn't understand anymore. That is my logic».
40 Marie-Rose Moro, *Parents en exil* [...], p. 78.
41 Marie-Rose Moro et Anne Révah-Lévy, « Soi-même dans l'exil » [...], p. 109.
42 Marie-Rose Moro, *Parents en exil* [...], p. 24.
43 *Ibid.*, p. 78.

elle. Pour Janine Altounian, il s'agit d'une dissociation entre deux mondes différents où n'existait aucun lien : le monde de chez elle (« des souvenirs étouffants, des évocations furtives et esquivées de justesse qui hantaient la maison ») et son école (« un espace glacé, étranger à la misère des miens et de moi-même, un monde disjoint de moi[44] »). C'est justement ces deux mondes sans lien qui constituent les fondements du projet identitaire des deux premiers films d'Egoyan. La différence entre ces deux mondes, représentée par les deux demeures familiales, celle des immigrants, intime, chaleureux, plein de couleur et de vieux objets exotiques, d'une part, et l'autre demeure, celle des Canadiens-Anglais, glacial, presque vide, gris, et très neuf – métaphore de l'oubli du passé. C'est cette dernière demeure, symbole de la nouvelle vie ou le nouveau pays, qui persistera dans le deuxième film analysé dans le chapitre suivant. Dans cet appartement envahi par la présence de la télévision, aura lieu le projet d'effacement du passé. D'ailleurs ce passé existe uniquement par l'image, notamment dans les cassettes home videos, stratégie filmique qui représente l'extériorité du passé au Sujet du présent.

Dans ce deuxième long-métrage intitulé *Family Viewing*, Egoyan représente ces deux mondes distincts à travers deux modes différents de médiations. L'univers affectif de la culture d'origine, maternelle, où l'on parle la langue arménienne est dissocié de la vie diégétique par une mise en abyme des home videos en possession du père non arménien[45]. Ce père WASP au nom de Stan, qui représente la société canadienne-anglaise, est obsédé par la technologie et brouille les frontières entre l'univers intime et celui médiatique, machinal.

---

44 Janine Altounian, « *Ouvrez-moi seulement les chemins d'Arménie* […], p. 38.
45 D'autres instances de dissociation sont présentes dans le film et confirment le caractère déconnecté des personnages (voir section 3.4. « Dissociation, mémoire et intermédialité » dans le chapitre suivant).

Chapitre III

Family Viewing ou après l'immigration : quelle origine pour la famille postmoderne ?

Court résumé du film
Family Viewing (1987)

Un jeune homme, Van, qui habite avec son père WASP et une mère-substitut canadienne-anglaise, rend visite régulièrement à sa grand-mère maternelle, Armen[1], qui demeure dans une maison pour personnes âgées. Van aimerait l'amener à la maison pour s'occuper d'elle, mais son père refuse cette idée radicalement. Un jour, la femme qui partage la chambre avec Armen décède et Van décide d'inverser les identités des deux femmes ; il déplace sa grand-mère et la cache dans plusieurs endroits, et annonce sa mort inventée au père.

---

1 Notons que le prénom Armen est la racine du mot « Arménie/n ».

3.1. *Family Viewing* ou le postmodernisme canadien

> Atom Egoyan filme la première famille vraiment post-moderne du cinéma[2].

3.1.1. Le contexte canadien du postmodernisme des années 80

> Both theory and contemporary fiction, in Canada and elsewhere, are responding to common social provocations, such as immigration patterns or the rise of feminism[3].

Selon la théoricienne du postmodernisme canadien, Linda Hutcheon, ce qui est particulièrement canadien dans la tendance postmoderne à accentuer les différences et la diversité, c'est la préoccupation par le régionalisme au niveau de la littérature. Ce penchant vers le régionalisme se traduirait en un concernement par la différence, par le local, par le particulier en opposition à l'uniforme, à l'universel, au central : « To render the particular concrete, to glory in a (defining) local ex-centricity – this is the Canadian postmodern[4] ».

En fait, Hutcheon reprend les propos de Margaret Atwood pour réclamer que « Canadians have not really been attracted to the image of what Atwood once called the 'free floating... citizen of the world'[5] ». Mais le régionalisme canadien, couplé avec la spécificité des deux solitudes qui ont fondé la nation canadienne ont contribué à façonner le postmodernisme canadien d'avant l'immigration massive au Canada. En fait, depuis les trois dernières décennies, le paysage culturel canadien se voit renouvelé et transformé : les nouvelles populations immigrantes, appuyées par la politique du multiculturalisme, ont apporté au pays d'autres

---
2   Frédéric Strauss, « Family Viewing », p. 51.
3   Linda Hutcheon, *The Canadian Postmodern* […], p. 18.
4   *Ibid.*, p. 19.
5   *Idem.*

spécificités et d'autres particularités qui ne s'apparentent ni au régionalisme canadien, ni à la dichotomie des deux solitudes. D'autres solitudes se sont vues multipliées et de nouvelles identités canadiennes, de plus en plus multiethniques et interculturelles, cohabitent.

C'est la co-existence de ces différences qui donne naissance à une production culturelle qui se doit de juxtaposer les nouvelles contradictions qui constituent les identités canadiennes et qui dicte un autre « *pattern of contraries*[6] ». Le féminisme contribue aussi sa part à la diversité identitaire :

> The universal (but somehow male) concept of humanist Man is giving way to a more diversified concept of experience based on *difference*. In postmodernist literature this has meant a turning to forms that can accentuate difference, especially in the face of a mass culture that tends to homogenize or obliterate anything that does not seem to fit. In Canadian Writing, the two major (but by no means only) new forms to appear have been those that embody ethnicity and the female[7].

Ainsi, dans *Family Viewing*, l'ethnicité et les femmes sont en association importante et représentent des identités qui se veulent indépendantes de la domination de l'homme-père qui est aussi WASP. Dans ce film, le monde féminin ethnique ou dans les mots de Patricia Smart, cette « altérité du féminin-maternel » se tient à l'écart de la Maison du Père[8]. Nous témoignons de la domination des femmes par ce père de famille canadien tout au long du film : les scènes à contenu sexuel sadique mettent en emphase une perversion dans laquelle la femme est l'esclave du désir et du pouvoir masculins. De plus, dans une scène où la femme, Sandra, discute avec le jeune Van, nous entendons Van demander à Sandra : « Are

---

6 *Idem*. L'expression est de l'écrivain canadien Robert Kroetsch.
7 *Ibid.*, p. 18 ; souligné dans l'original.
8 Patricia Smart, *Écrire dans la maison du père* […], p. 22.

you a kept woman ? » et cette question suggère que Sandra vit sous l'emprise sexuelle de son conjoint. Nous sommes ramenés à la fin du film à une mise en scène de deux réalités opposées dont la juxtaposition n'aboutit pas à la résolution des différences, et renverse l'ordre de la hiérarchie dépeinte tout au long du film : l'espace filmé est divisé en deux : les femmes ainsi que le jeune Van sont d'un côté – devant la caméra et le père est de l'autre côté de la scène – derrière la caméra, insinuant un face à face des attitudes opposées. Pour Hutcheon, ce « pattern of contradictions » serait utile pour analyser les « obsessive dualities » qui ponctuent les écrits d'auteurs canadiens travaillant avec cette esthétique des dichotomies : « (body/mind, female/male, nature/culture, instinct/reason, time/space[9] ».

3.1.2. *Postmodernisme et passé*

> L'intérêt postmoderne pour le sujet fait partie de l'obsession du passé en ce qu'il module le présent et le futur[10].

Ayant un passé autre que celui d'une Margaret Atwood ou de n'importe quel autre artiste canadien WASP, par exemple, la spécificité du postmodernisme d'Egoyan consiste alors en un élargissement du champ des dichotomies canadiennes déjà existantes. Le postmodernisme d'Egoyan se caractérise par une histoire diasporique dans laquelle aliénation, perte et éclatement précèdent sa condition postmoderne canadienne, mais précèdent aussi sa propre immigration au Canada. S'ajoutent alors à la liste des dichotomies canadiennes : WASP/ethnique, Canada/immigration, pays d'accueil/pays natal (hostland/homeland), mais aussi absence/présence, exclusion/inclusion, vieux/nouveau, et silence/médias. Quoique Egoyan reprenne les contradictions

---

9 Linda Hutcheon, *The Canadian Postmodern* […], p. 18.
10 Mark A. Cheetham, *La mémoire postmoderne : Essai sur l'art canadien contemporain* […], p. 73.

canadiennes traditionnelles, ces oppositions se voient renouvelées dans le contexte des nouvelles identités migratoires.

Le passé, surtout en association avec l'histoire, est une thématique centrale dans *Family Viewing*. Par conséquent, le film se préoccupe principalement par la reconstruction de la mémoire individuelle, mais aussi familiale et collective. En effet, pour le personnage principal, Van, il s'agit, dans les mots de Mark A. Cheetham de « la construction du sujet par la mémoire[11] ». Il y a là, dans *Family Viewing*, un jeune homme qui éprouve une « fascination [...] pour sa propre subjectivité, explorée par des manipulations conscientes de la mémoire[12] ». Van désire non seulement conserver mais aussi reproduire le passé. Contrairement à la volonté de son père, le jeune homme voudrait premièrement ramener sa grand-mère maternelle à la maison du père, et deuxièmement, il voudrait conserver les home videos dans lesquelles nous voyons Van enfant avec sa mère et sa grand-mère. Sa construction identitaire relève d'une conscience mnémonique de soi ou d'une conscience « historiciste[13] » qui s'oppose aux aspirations du père, soit l'effacement du passé. Dans ses analyses sur l'histoire de l'art et l'art visuel au Canada, Cheetham rend compte de cette dichotomie entre la mémoire dans le postmodernisme et rejet du passé du modernisme :

> Dans une large mesure, le postmodernisme dans les arts visuels se définit par son obsession du passé, un « passé » souvent caractérisé par le travail de la mémoire et un sens concomitant de la subjectivité définie et redéfinie par les divers contextes[14].

Dès lors, nous sommes devant une véritable impasse de résolution entre un père qui veut effacer le passé et un fils qui fait

---

11 *Ibid.*, p. 72.
12 *Ibid.*, p. 76.
13 *Ibid.*, p. 73.
14 *Ibid.*, p. 74.

tout pour reprendre ce même passé. Poursuivant les analyses de Linda Hutcheon, Mary Alemany-Galway, dans *A Postmodern Cinema*, maintient que la contradiction est une des stratégies postmodernes qui laisse les oppositions non résolues. En effet, dans *Family Viewing*, les deux mondes – passé/présent, maternel/paternel – sont dissociés à part et ne constituent pas d'objets en attente d'intégration. Les deux mondes de Van sont à l'opposé l'un de l'autre. Le jeune homme se sent pris entre eux : il n'est pas « connecté », comme il l'avoue à son père lors d'une conversation au sujet du futur. Mais, ce qu'il dit par la suite nous aide à deviner le contexte de sa déconnexion, car le jeune homme demande à son père d'amener la grand-mère à la maison puisqu'il se sent connecté seulement lorsqu'il est avec elle. Désormais, il semble évident qu'afin de pouvoir penser à son futur, le jeune homme a besoin d'intégrer son passé à son présent. Mais ses tentatives de devenir entier, en voulant connecter au passé et ainsi renverser l'autorité du père qui efface ce même passé, donnent des résultats ambigus. Car, si la scène finale du film nous donne à voir la réunification des membres féminins de la famille maternelle autour du jeune Van, c'est toujours par les lentilles de la surveillance paternelle que nous regardons cette famille féminine. Les deux mondes – des mères et du père – sont juxtaposés, mais il y a une impression d'irréel, de rêve lorsque nous regardons le monde maternel. Nous pouvons constater que les deux mondes peuvent exister côte à côte, mais que celui de l'origine, féminin et maternel, reste un monde rêvé, imaginé ; sa véracité est difficile à cerner ou à déterminer.

3.2. Après l'éclatement

Atom Egoyan filme le noyau familial *après* son éclatement, microcosme en pleine régression tribale où la communication individuelle n'existe plus que par le relais de la super-communication, de ce Big Brother de l'Olympe médiatique, la télévision[15].

3.2.2. *Family Viewing* : le couple famille-technologie

Mais où sont passées toutes ces vies[16] ?

Entre *Next of Kin* et *Family Viewing*, il y a une rupture. Cette rupture a déjà été annoncée dans le premier film à travers les jeunes personnages qui tous deux quittent leur famille biologique. De la grande famille rassemblée autour du fils retrouvé, nous nous retrouvons avec une petite famille nucléaire existant autour du poste de la télévision. Nous pouvons, comme se le demande la cinéaste montréalaise, Araz Artinian[17], nous demander aussi où sont passées toutes ces vies ? De cette grande famille, reste une grand-mère confinée à une maison pour personnes âgées et qui ne communique guère. Si nous imaginons que la grande famille de *Next of Kin* représente le groupe ethnique arménien, dont les trois quarts ont été annihilés en 1915, il serait aussi plausible d'imaginer que la grand-mère silencieuse incarne les survivants du génocide des Arméniens[18] –, notamment, la première génération de la diaspora arménienne – dont la voix n'a pas été entendue eu égard ce crime contre l'humanité.

Ce contraste entre le silence de la grand-mère d'un côté, et la prolifération des médias dans le film d'un autre côté renvoie à une

---

15 Frédéric Strauss, « Family Viewing » […], p. 51.
16 Araz Artinian, *Le génocide en moi*.
17 En regardant une photographie de ses ancêtres massacrés dans son documentaire *Le génocide en moi*. Voir Nellie Hogikyan, « Les récits de survivance de la diaspora arménienne : raconter l'histoire, sauver la communauté » […].
18 Dans un article intitulé « 100 years of sorrow and joy », Annette Aghazarian met en avant l'importance du thème du silence au niveau de la diaspora arménienne en faisant parler sa grand-mère, survivante du génocide de 1915 : « It was my silence that kept me alive… » (Annette Aghazarian, « 100 years of sorrow and joy », *Montreal Gazette*, July 24, 2006).

autre problématique importante à laquelle s'intéresse Egoyan : celle des difficultés de communication en général, et de la non-médiatisation de l'histoire du génocide en particulier. La famille nucléaire dans ce deuxième film a du mal à communiquer entre elles ; lorsque les trois membres de cette famille se parlent, ils ne se regardent pas, mais dirigent leur vue vers la télévision. Ils parlent de et par la télévision : c'est la télé qui leur donne le sujet de communication. Comme s'il y avait une répétition de l'instance du problème de communication que nous avons vu dans *Next of Kin*, notamment, lorsque Peter livre son discours et qu'il n'est pas compris par « sa » propre famille. En effet, les problèmes de communication sont si prononcés chez les personnages d'Egoyan qu'il y a même effacement d'information en guise d'interdiction de transmission.

Ainsi, dans *Family Viewing* le père efface le passé familial en enregistrant son quotidien sexuel sur les cassettes home videos et du même geste, il participe à l'interdiction de la documentation du passé de la diaspora arménienne symbolisé par les trois générations que nous voyons sur ces mêmes home videos[19].

3.3. Le père et l'autorité médiatique dans *Family Viewing*

> Il est impossible de penser, d'écrire sans formuler son questionnement dans des termes qui interpellent métaphoriquement le Nom-du-Père, et ce, sur le monde de la tension et de la remise en question complexe du sens et de sa reformulation[20].

Le titre, *Family Viewing*, prête à l'ambiguïté : Est-ce la famille qui regarde, ou est-ce qu'elle se fait, plutôt, regarder ? L'usage intense des techniques intermédiales dans le film nous permet, en

---

19 Lisa Siraganian, « 'Is This My Mother's Grave ?' : Genocide and Diaspora in Atom Egoyan's Family Viewing » […].
20 François Ouellet, *Passer au rang du père* […], p. 51-52.

effet, de voir une famille qui regarde – surtout la télé – mais qui se regarde aussi, surtout dans les home videos. En fait, le film présente cette interaction famille-technologie comme une condition du quotidien : les personnages, surtout le père, dépendent des divers médias dans leurs rapports à l'autre, ainsi qu'à eux-mêmes. Pour Egoyan, comme il l'a exprimé suite à la première présentation de ce film à Ottawa, il y a un problème évident quant à l'hyper-technologisation du chez-soi ainsi que de nos rapports à autrui. Cette problématique préoccupe Egoyan qui éprouve un certain doute quant à l'emploi excessif des machines comme « societal weapon or a societal cure for your alienation[21] ».

Qui plus est, l'omniprésence des caméras de surveillance tout au long du film et dans différents lieux, surtout à la fin du film, ainsi que l'omniprésence de la télévision posent problème quant à la perception et à notre définition du monde ainsi que de nousmêmes. Mary Alemany-Galway associe cette condition à celle du Panopticon foucaldien : « As in the Panopticon, the suggestion is that we internalize this surveillance, and accept the media's definition of what is possible (or permissible) and what is real[22] ».

Dans le film, cette surveillance est associée au père, autorité patriarcale qu'Egoyan désigne comme démythifiée, désacralisée : « [T]he patriarchy is desecrated. The way that he [the father] uses the technology to sustain this patriarchal structure is desecrated »[23].

Le but du personnage principal, le jeune Van, est de subvertir cette autorité patriarcale machinale. Egoyan, en réunissant toutes les femmes autour de Van à la fin du film, offre une autre manière d'exister dans la société, féminine, naturelle et libre de la technologie. En juxtaposant ces deux mondes séparés, féminins

---

21 Atom Egoyan, « The Alienated Affections of Atom Egoyan. Interview with José Arroyo », p. 19.
22 Mary Alemany-Galway, *A Postmodern Cinema* […], p. 165.
23 Atom Egoyan, « The Alienated Affections of Atom Egoyan. Interview with José Arroyo », p. 19.

et masculins, Egoyan renverse la hiérarchie masculin/féminin ou homme/femme que le film présente comme problématique. La fin du film rejette le modèle rationnel associé au masculin comme seul modèle sociétal et déstabilise l'autorité masculine comme figure dominante dans la société. Ainsi, nous pouvons aussi lire la fin du film non pas comme un prolongement du modèle de contrôle et de surveillance, mais de co-existence des deux mondes opposés et contradictoires, l'un imaginé, l'autre réel.

3.3.1. Père Tout-puissant et nouvelle autorité

> Mothers link us together, all the way back to our African Eve. It's fathers who keep us tribal and divided creations, isolated and unique[24].

Si le père dans *Next of Kin* représente l'autorité traditionnelle – même si sa transmission s'avère problématique – , dans *Family Viewing*, c'est un autre type de père qui dirige la famille : un père qui veut, au contraire, effacer le passé, diviser la famille, et passer son autorité par la technologie. Le père dans *Family Viewing* représente « le Moi moderne, ce Blanc individualiste dont parle Octave Mannoni, cet Occidental en proie au délire d'autonomie, délire d'autonomie au fonctionnement de la consommation[25] [d'images] ». Ce père associé à la modernité veut interdire la transmission.

Le premier père, celui de *Next of Kin*, est une figure ethnique typique. Mais outre ses caractéristiques associées à la conservation des valeurs familiales et ancestrales, il est chaleureux, passionné, sociable, assembleur ; il a besoin du nid familial pour son bien-être. Dans ce sens, le film pourrait aussi s'intituler '*Nest of Kin*', ce qui traduirait la dimension primordiale et groupale, ainsi que l'instinct maternel, que nous voyons dissociés de la vie

---

24 Clark Blaise, « Introduction » […], p. v.
25 Alain Vanier, « Érosion de la fonction paternelle dans le monde 'décolonisé' » […], p. 131.

quotidienne dans *Family Viewing*. En fait, outre l'absence des mères dans le foyer, à plusieurs reprises, et surtout à travers les séries télévisées sur la nature, le film nous réitère l'observation que l'être humain est dissocié de ses premières attaches, qu'elles soient animales, sur le plan ontologique, ou maternelles, sur le plan familial. Cependant, même si la représentation du monde animal par la télévision accentue son absence de la vie des personnages, l'animal en nous peut faire irruption : lorsque le père va visiter la grand-mère pour la première fois en une année, elle lui griffe le visage avec ses ongles. Les ongles sont d'ailleurs évoqués dans une scène précédente. En regardant à la télé une de ces séries sur la nature où l'on parle d'ongles, le père rationalise : « There was a time when we needed them for scratching the ground or attacking our enemies. Makes you wonder if there isn't some use we're missing out on ». Quant à la dissociation de la dimension maternelle, Egoyan saura la représenter dans tous ces films à travers l'irruption du féminin sous formes et figures variées : les figures incestuelles (voir la conclusion « Imaginaire de l'extrême », les figures de la mère et de la grand-mère arméniennes).

Les machines, la technologie, non seulement remplacent mais transmettent la nature animale et primitive de l'être humain dans le film. Le retour de cet animal refoulé contre le père (incarné par les griffes de la grand-mère) pourrait suggérer que la technologie puisse aussi tourner contre soi, contre l'homme rationnel ou le père tout-puissant qui voudrait tout maîtriser.

3.4. Dissociation, mémoire et intermédialité

Dès ses débuts, le cinéma d'Égoyan connaît une rupture significative avec les formes linéaires de la représentation. L'hybridation des médias qui résulte de cette dissolution formelle est une marque importante au niveau de la représentation que le cinéaste utilise ; elle met en avant sa préoccupation par les stratégies de la distanciation et de la dissociation. La dissociation est une réaction alternative au trauma ; la conscience traumatique enclenche un processus qui va doubler, voire multiplier la mémoire en tant que narration. Ce qui est rompu ne peut être incorporé dans le discours principal, s'il en existe un[26]. Du fait, Egoyan nous montre qu'il n'est pas possible d'avoir un discours principal au cinéma : les divers moyens technologiques qu'il emploie symbolisent les diverses narrations et les multiples voix qui ne peuvent s'intégrer dans un seul discours homogénéisant. Dans *Family Viewing*, la mémoire familiale associée à l'identité arménienne et dont Van se sent « déconnecté » est stockée dans les cassettes home videos ; sa transmission est fragile, car elle peut être détruite par le père. De plus, même si la vidéo peut représenter la mémoire ou la vérité, elle peut aussi contribuer à changer notre perception ou construction de la réalité :

> Video remains a representative of truth, but it can be easily altered to yield new truths. [...] Video in Egoyan's films, as J. Hoberman has observed, is at once 'a doppelganger and an Other, a form of truth and a source of mistaken identity[27]'.

Dans cette société dépendante de l'image et de l'électronique, le père est non seulement froid, rationnel et séparateur des membres de la famille, mais aussi, il se donne l'autorité et le plaisir d'effacer le passé familial. Du modèle familial fusionnel du premier film, nous passons alors au modèle individualiste, séparateur. La transgression que les enfants de *Next of Kin* ont tenté d'instaurer est cristallisée dans *Family Viewing* ; la famille est complètement transformée : famille éclatée par excellence, avec une mère absente et un père non pas transmetteur mais destructeur du passé.

---

26 Mieke Bal, « Introduction » [...], p. ix.
27 Timothy Shary, « Video As Accessible Artifact and Artificial Access : The Early Films of Atom Egoyan » [...], p. 3-4.

Dans *Cinéma et mémoire. Sur Atom Egoyan*, Marie-Aude Baronian parle de la « mémoire prothétique des images » :

> Tout le cinéma d'Egoyan traduit une recherche perpétuelle sur la façon de mettre en images ou de mettre en boîte la perte. Car mettre en boîte, c'est sceller, enfermer, mais aussi protéger[28].

Cet emboîtement selon Baronian, a comme fonction de soutenir artificiellement la mémoire. Certes, il s'agit d'un passage obligé par la médiation pour contenir la perte, et paradoxalement, pour sauver la mémoire.

3.5. Image, générations et société

La question des générations familiales est très présente chez Egoyan et se confond de façon créative avec les générations des images et des machines. Dans *Family Viewing*, par exemple, les trois générations différentes de la technologie servent comme métaphores pour les trois différentes générations de la famille filmée. Parlant de la corrélation entre les générations d'images et celles de la famille de *Family Viewing*, Egoyan explique :

> [T]here's a way of systematically pushing the film in terms of viewing what generation you're seeing at that particular point. It's a very important part of the film[29].

La scène de l'appartement est vue à travers la première génération d'images ; les home videos sont associés à la deuxième génération ; et la troisième génération est associée aux images de surveillance et de détecteurs qui sont filmées par un moniteur[30]. Cet accouplement du rapport intergénérationnel et intermédial vient signaler une préoccupation primordiale par la transmission

---
28 Marie-Aude Baronian, *Cinéma et mémoire* [...], p. 111.
29 Atom Egoyan, « The Alienated Affections of Atom Egoyan. Interview with José Arroyo », […], p. 19.
30 *Idem*.

de la mémoire et de l'histoire, d'abord familiale et individuelle, mais aussi nationale et collective.

Décidément, ce mécanisme d'identification aux générations d'images, unique au cinéaste en son temps, car comme l'a précisé lui-même : « It's the first time I think it's been done[31] » est très important dans le sens où un personnage, un être humain ou un membre de famille est confondu avec son image. Nous pouvons tracer l'évolution de ces idées dans le long-métrage qui suit ce film, notamment, *Speaking Parts*, et dont le titre annonce cette dissociation d'un personnage de son rôle, de son image, de sa voix. Ce sont des dispositifs égoyanesques qui reviennent dans presque tous ses films.

Dans *Family Viewing*, comme le suggère d'ailleurs le titre, il y a une double lecture et une double vision. Nous regardons une famille. Mais si nous voyons cette famille, nous la voyons à travers une autre technologie que celle du film lui-même ; en fait, le plus souvent, nous voyons des images incrustées de la famille. Cette confusion des corps diégétiques avec leurs images (que le titre annonce déjà, comme je viens de le mentionner) nous en dit beaucoup sur la perception de la réalité sociétale par le cinéaste :

> I think that basically any artist who's dealing with certain fundamental human emotions has to deal with them in the context of the particular, very specific concerns of the society he's setting the story in, or more specifically, the society in which the artist lives[32].

3.6. Effacement du lien au passé et substitution

Pour le père dans *Family Viewing*, les liens au passé eu égard à l'identité arménienne sont compliqués. Dans une des cassettes home videos, nous l'entendons demander à son petit garçon de

---

31 *Idem.*
32 *Idem.*

chanter en anglais, de substituer sa langue dominante à l'arménien, la langue maternelle du fils. De plus, la mère arménienne disparue est substituée par une femme canadienne-anglaise ; et nous comprenons que le père ne voudrait pas réexaminer le passé. Ce père WASP préfère ne pas revisiter le passé, mais plus encore, il veut l'effacer ; et du même coup, effacer la subjectivité de la mère et de la grand-mère qui « se trouve[nt] dans le silence, hors culture[33] ». Cet effacement prend deux formes : premièrement, en excluant la grand-mère de la maison familiale et deuxièmement, en effaçant l'histoire de la famille enregistrée sur les home videos.

Il ne s'agit pas seulement d'effacement de l'histoire de la famille que nous voyons représentée par trois générations, soit la grand-mère, la mère et le petit garçon de trois ans. Nous sommes face à un effacement d'une transmission familiale, mais aussi d'un autre, celui qui empêche toute génération ou reproduction de la famille, puisque ce que le père enregistre sur ces home videos, ce sont des actes sexuels pervers qui ne sont pas conçus dans un esprit de reproduction de famille, mais dans un rapport de domination sado-masochiste. Cette perversité est en effet en contraste avec l'atmosphère familiale idyllique que nous donnent à voir les home videos qui sont cibles d'effacement mais dont le fils sauvera quelques-unes plus tard. Nous pourrons ainsi lire la transformation de la famille elle-même dans cette histoire d'effacement et sa substitution par un couple, ou par deux personnes dont le lien est strictement pervers, hiérarchique et jouissif pour le père[34]. En effet, Egoyan insiste sur le caractère complexe de ce processus d'effacement et de substitution : « I love the complexity of this man who finds that he can only be aroused when he's in

---

33 Lori Saint-Martin, *Le nom de la mère* […], p. 12.
34 Le rapport de domination entre le père et la mère-substitut nous est dévoilé par la question que lui pose le jeune Van : « Are you a kept woman? ».

the process of physically erasing his past [...]. It's the *process* he finds stimulating[35] ».

Ce processus relève en fait d'un ensemble d'actes bien organisés, puisque le personnage du père a une approche systématique, voire rituelle. Pour lui, ce processus implique premièrement la destruction physique des données du passé ; et deuxièmement, il met en acte l'enregistrement de nouvelles données. Ce qui sous-entend ces deux actes, c'est la transformation, ou pour reprendre le phénomène le plus récurrent chez le cinéaste, la substitution.

Comment comprendre ce processus d'enregistrement-effacement du point de vue des processus mémoriels ? Nous savons que deux mémoires, même conflictuelles, peuvent exister chez l'individu. Mais ici, il s'agit d'une exclusion radicale car il n'y a pas de place pour l'autre mémoire. Elle est effacée, détruite. Nous pouvons qualifier cet effacement de brutal, symbolisé d'ailleurs dans les actes sexuels extrêmes qui occuperont la place des scènes familiales et qui relèvent d'un désir sauvage, sadique, comme nous voyons dans les séances de sexe/enregistrement dans la chambre à coucher du père. D'où vient ce refus de croiser les deux mémoires, cette difficulté d'intégrer l'autre mémoire, celle de sa femme et de sa belle-mère qui symbolisent l'Autre ethnique, soit l'identité arménienne qui coïncide ici avec la mémoire familiale ?

À ce titre, lisons Benyamin Stora dans *La gangrène de l'oubli* : « Ce refus de croisement des mémoires, de l'écoute de l'autre, est un indice d'une guerre qui se perpétue dans les têtes[36] ».

Le Sujet est donc lieu de contradiction, de conflits ; il n'y a pas de résolution. Ce que le fils hérite, c'est cette guerre, ce clivage non réconcilié, mais qu'il cherche à souder en retrouvant/imaginant le paradis perdu de son enfance, entouré de sa mère

---

35 Atom Egoyan, « The Alienated Affections of Atom Egoyan, Interview with José Arroyo » [...], p. 19 ; c'est moi qui souligne.
36 Cité dans Hélène Piralian, « Rupture de transmission et violence » [...], p. 154.

et de sa grand-mère. Peut-être pourrions-nous lire à travers ces tentatives de reconnexion un désir de « réinscrire la possibilité de la transmission[37] ». Mais cette transmission se fera autrement, c'est-à-dire, qu'elle se basera sur des éléments dissociés de leur sens original et dont le nouveau sens serait construit par l'individu. Elle se fera autrement, aussi, car c'est une figure féminine qui représente l'origine retrouvée/imaginée.

3.7. Conclusion

> I feel one's rootedness is a result of the decisions one makes in one's life in terms of who one connects oneself to as opposed to necessarily being the result of an inherent national make-up, or psychological make-up[38].

Dans *Family Viewing*, Egoyan nous donne à voir une autre famille, cette fois mixte, dont le fils est assimilé à l'identité canadienne-anglaise. Encore une fois, comme dans *Next of Kin*, cette assimilation est fondée sur la coupure et la perte[39]. Et c'est le père qui dicte cette transformation de l'identité. Nous passons d'un père traditionnel à un père postmoderne simulacre, pour qui le plaisir primordial et vital, représenté par la sexualité, doit passer par les machines. Il s'agit, enfin, d'un père pour qui jouir dicte l'effacement du passé associé à l'identité ethnique. Une question hanterait alors les récits filmiques de *Next of Kin* et de *Family*

---

37 *Idem.*
38 Atom Egoyan, « The Alienated Affections of Atom Egoyan, Interview with José Arroyo » […], p. 18.
39 Le théme de la substitution est récurrent dans tous les films d'Egoyan ; le thème de l'assimilation revient notamment dans *Family Viewing* et ensuite dans *Calendar* (chapitre 4) à travers le personnage du photographe dissocié de ses origines. Dans *Ararat* (chapitres 5 et 6), la transmission de la culture et de la mémoire arméniennes font retour, comme si pour expliquer la dissociation et la perte de l'origine aux nouvelles générations déconnectées, notamment à la quatrième génération – incarnée par le personnage de Raffi.

Viewing : Est-ce possible que l'ethnicité soit un élément indispensable dans la formation des nouvelles identités canadiennes. Arjun Appadurai l'a formulé ainsi :

> Ethnicity, once a genie contained in the bottle of some sort of locality (however large), has now become a global force, forever slipping in and through the cracks between states and borders[40].

L'étude des deux longs-métrages qui suivent, soit *Calendar* et *Ararat*, pourrait esquisser une tentative de réponse.

---

40 Arjun appadurai, *Modernity at large* […], p. 41.

Chapitre IV

Identité nationale et représentations du pays d'origine dans *Calendar* : discontinuité et aliénation

Court résumé du film
Calendar, 1993

L'histoire d'un photographe/vidéaste/cinéaste, rôle interprété par Atom Egoyan lui-même, qui « retourne » avec sa femme, joué par Arsinée Khanjian, à leur pays ancestral dans le dessein de prendre des photos d'églises pour un calendrier communautaire. Un troisième personnage s'ajoute, celui du guide d'Arménie. Arsinée traduit l'arménien-soviétique du guide pour Atom qui ne parle pas sa langue maternelle. Vers la fin du film, elle tombe amoureuse du guide et décide de rester au pays de ses ancêtres. De retour à son studio à Toronto, Egoyan reproduit la situation d'exclusion qu'il a ressentie en Arménie en rencontrant des femmes qui parlent au téléphone à leur amant une langue étrangère – qu'il ne comprend pas.

4.1. Introduction

> There's an element in me which is a WASP young man. I would be misleading anyone if I was to try and tell them I was ethnic. There's an element in me which is, but there's also an element in me which has gone through the Canadian English school system and that is WASP. The WASP young man is the blank canvas in my films. That's the character that for me is easiest to paint, who I can also feel very close to[1].

Il aurait fallu attendre dix ans après le succès de son premier long-métrage avant qu'Egoyan n'amène au grand écran de façon directe les images du pays d'origine et des symboles associés à l'identité nationale arménienne. *Calendar* est, en effet, le premier film d'Egoyan qui a comme objet central la représentation de l'Arménie et les questions concernant l'identité par rapport au territoire, ainsi que par rapport à la nation. Dans ce chapitre, j'aimerais argumenter que dans *Calendar*, Egoyan accentue l'éloignement de son personnage principal du photographe de l'Histoire de sa patrie d'origine, l'Arménie et que les représentations qu'il offre de ce pays se réfèrent à l'absence et aux ruines. Cette logique de la discontinuité et de l'éloignement de l'origine présentée par le cinéaste est à la base de l'intégration des personnages de la troisième (et quatrième) génération de la diaspora arménienne, comme le photographe dans *Calendar*, dans un système multi-ethnique et hétérogène, celui de la métropole canadienne. En fait, *Calendar* est le film qui prolonge la thèse de la dissociation filmée chez le personnage principal de *Family Viewing*, le jeune Van (chapitre 3 ici), mais qui juxtapose deux autres types d'identités arméniennes : diasporique (entre-deux), d'une part et de l'autre part, nationale et ancestrale.

---

1 Atom Egoyan, « The Alienated Affections of Atom Egoyan. Interview with José Arroyo » […], p. 18.

4.2. Trois identités arméniennes

Calendar explore la rencontre entre trois identités arméniennes. Les trois personnages du film représentent les trois consciences de l'identité arménienne et dépeignent les nuances au niveau de l'appartenance. Premièrement, nous avons l'identité « assimilée[2] » ou post-exilique, incarnée par le personnage principal du photographe, un immigrant canadien d'origine arménienne complètement assimilé à la culture canadienne-anglaise. Le rôle du photographe est joué par Atom Egoyan lui-même. Deuxièmement, l'identité « diasporique », incarnée par le personnage de la femme et interprète du photographe, Arsinée Khanjian, elle aussi immigrante, mais qui a gardé certaines composantes de sa culture d'origine arménienne, comme la langue, par exemple, quoique ce n'est plus sa langue d'usage de tous les jours et donc sa compétence n'est plus celle d'une langue maternelle. Et troisièmement, l'identité « nationale », incarnée par le guide d'Arménie, un natif on ne peut plus fidèle à l' « âme » et à l'État-nation arméniens. Le rôle du guide est interprété par un Arménien de l'Arménie ex-soviétique, le comédien Ashot Adamian.

La spécificité de l'assimilation du personnage du photographe repose sur le caractère détaché du sujet. À mon sens, en opposant le personnage du photographe à celui de sa femme et du guide d'Arménie, Egoyan nous communique le prolongement de la condition dissociationnaliste déjà présentée dans les deux premiers films que j'ai analysés auparavant (chapitres 2 et 3). Si dans ces deux films les structures émotives de la dissociation étaient présentées de manière plutôt implicite et que l'interprétation de cette dissociation ne se faisait pas par rapport à un pays réel et spécifique, ici dans *Calendar*, le photographe nous livre explicitement son détachement de ce qui est le plus concret et le plus palpable de l'identité nationale étatique, c'est-à-dire, sa distanciation d'avec

---

2   Selon la terminologie d'Egoyan (« Entretien avec Atom Egoyan par Julia Reschop », p. 66).

le territoire arménien. À part cette coupure avec la matérialité de l'origine, l'impossibilité pour le photographe de communiquer avec le guide (car le photographe ne parle pas l'arménien) marque une rupture définitive avec le père de la nation de l'Arménie (voir section 6 ici, « Le Père de la Nation »).

Mais si le photographe incarne cette dissociation d'avec l'identité nationale de l'origine, sa femme diasporique – et le film insiste sur ce fait en nous montrant qu'elle ne parle pas assez bien l'arménien – arrive à se connecter à l'identité arménienne nationale. L'identité diasporique, malgré sa forte affinité avec le pays d'adoption – ici le Canada – permet cette double affiliation : d'une part au pays d'origine et d'autre part, au pays d'accueil. En fait, *Calendar* s'apparente à ce que Reece Auguiste appelle « the cinema of diasporic subjects living and working in the metropolitan centres of London, Paris, New York [rajoutons Toronto], etc[3] ». Ce cinéma, selon Teshome Gabriel, comprend « an infinity of subjects and styles as varied as the lives of the people it portrays[4] ».

D'autre part, *Calendar* a été identifié par les critiques comme un film exilique : une re-présentation, une re-construction de quelque chose de perdu, soit le pays d'origine et la langue maternelle[5]. Ron Burnett maintient, par exemple, que le film tente d'instaurer une certaine cohérence dans l'espace de l'exil[6]. Plus encore, le théoricien du cinéma exilique et diasporique, Hamid Naficy, déclare que *Calendar* est le film d'Egoyan le plus exilique (« his most exilic film[7] »). Dans ce qui suit, à partir d'une lecture profonde de la représentation des lieux de l'origine, j'aimerais argumenter que le cinéaste semble, au contraire, s'éloigner

---

3   Reece Auguiste, cité dans Pines et Willemen, *Questions of Third Cinema* […], p. vii.
4   Teshome Gabriel, cité dans *ibid.*, p. 14.
5   Ron Burnett 1993 et Sylvie Rollet 1997.
6   Ron Burnett, « Between the Borders of Cultural Identity : Atom Egoyan's Calendar » […], p. 33.
7   Hamid Naficy, *An Accented Cinema* […].

de toute cohérence ou protection possible quant à sa condition de post-exilé et eu égard à son histoire nationale rompue. Même si le personnage d'Arsinée incarne les structures émotives associées avec l'exil, *Calendar*, par la mise en avant de la voix du personnage principal du photographe détaché et absent du territoire de l'Arménie, insiste sur une autre vision de l'exil et du rapport à l'origine.

4.3. L'identité et l'appartenance : nation, langage et représentation

Tourné en Arménie et au Canada, *Calendar*, une première auto-fiction du cinéaste, soulève avant tout des questionnements sur l'identité individuelle et collective. D'une part, une conscience exilique est transmise par le rôle de la protagoniste Arsinée ; d'autre part, nous témoignons d'une attitude détachée au sujet de la nation d'origine et de l'appartenance collective à travers le rôle du photographe, Atom.

Arsinée incarne la condition exilique par excellence ; elle aspire au retour au pays d'origine. Comme beaucoup de sujets diasporiques ayant une conscience exilique, elle est l'objet d'un va-et-vient à plusieurs niveaux : entre deux langues et deux cultures –l'arménien soviétique et l'arménien occidental (diasporique). Symboliquement, ce va-et-vient est représenté par l'acte même de l'interprétation, c'est-à-dire, par le va-et-vient entre les trois personnes qui conversent à travers la traduction, mais aussi entre deux codes linguistiques et culturels : Arsinée traduit l'arménien du guide touristique vers l'anglais pour son mari Atom. Ensuite, elle traduit vers l'arménien les questions et les remarques d'Atom en s'adressant au guide d'Arménie. Ce va-et-vient est aussi représenté par les techniques photographique et filmique qui permettent au cinéaste d'approcher Arsinée de la caméra, plusieurs fois, et tout de suite de la faire reculer vers les ruines – ces églises devenues objets fétiches de l'Arménie. Tantôt, elle est en face de la caméra dans un nouvel espace (au Canada) et tantôt lointaine, devant les églises en Arménie.

1. Arsinée Khanjian et Ashot Adamian dans *Calendar*, © : Ego Film Arts

À mon sens, malgré le fait que *Calendar* se lit comme une construction mémorielle[8], le film ne se limite pas à une tentative de restituer un sens perdu, ni de regagner un lien coupé, lointain. Egoyan ne cherche pas ici à présenter une cohérence ni textuelle cinématographique ni identitaire. L'espace de l'exil dont parle Burnett[9], lieu de failles et de manque, est le point de départ pour le cinéaste, un départ pour un lieu où le sujet se « perd », s'enivre dans la mixité et l'hétérogénéité. Sylvie Rollet se demande, en effet, si « le tissu (le 'texte' au sens propre) du film pouvait seul reconstituer une cohérence là où il n'y a que fragments épars, permettre une continuité là où il n'y a que des failles et des manques. Comme si le récit filmique devenait en quelque sorte l'ultime rempart face à la perte du sens[10] ». Sa lecture profonde du film lui permet de répondre par

---

8   Sylvie Rollet, « Le lien imaginaire: une poétique cinématographique de l'exil » […], p. 106.
9   Ron Burnett, « Between the Borders of Cultural Identity : Atom Egoyan's Calendar » […], p. 33.
10 Sylvie Rollet, « Le lien imaginaire: une poétique cinématographique de l'exil » […], p. 100.

la négative : « le récit lui-même, devenu incapable de restituer de la cohérence, éclate[11] ». Selon Rollet, la technique cinématographique d'Egoyan met en scène « un autre résultat de l'exil : l'atomisation du Moi…[12] ». Ici, pourrons-nous dire, la seule cohérence possible pour les multiples fragments du moi est une co-errance[13]. Une co-errance sans aucune protection, car, comme nous le dit le photographe dans un moment de réflexion lorsque sa femme Arsinée va se promener autour d'une forteresse en Arménie :

> All that's meant to protect us is bound to fall apart ; bound to become contrived, useless and absurd. All that's bound to protect is bound to isolate, and all that's bound to isolate is bound to hurt.

Ce discours est en opposition directe avec les idées promues par les partisans de l'appartenance nationale et ethnique ainsi que par les discours du genre exilique. Dans son essai *Blood and Belonging : Journeys into the New Nationalism*, Michael Ignatieff (1993) explique que le nationalisme promet, avant tout, la sécurité et la protection :

> When nationalists claim that national belonging is the over-ridingly important form of all belonging, they mean that there is no other form of belonging – to your family, work, or friends – that is secure if you do not have a nation to protect you[14].

Selon l'auteur, cette sécurité existe aussi grâce à la langue nationale que « tout le monde » comprend :

---

11   *Ibid.*, p. 104.
12   *Ibid.*, p. 104.
13   Le terme appartient au théoricien de l'exil et de la traduction Alexis Nouss, « La traduction, qu'est-ce à dire ? Phénoménologies de la traduction » […], p. 340.
14   Michael Ignatieff, *Blood and Belonging : Journeys into the New Nationalism* […], p. 10.

language, more than land and history, [...] provides the essential form of belonging, which is to be understood. [...] The nationalist claim is that full belonging, the warm sensation that people understand not merely what you say but what you mean, can come only when you are among your own people in your native land[15].

Tenant compte de ces constats au sujet du nationalisme, nous pourrons dire qu'en définitive, le personnage du photographe dans *Calendar* est l'anti-thèse de la figure du Natif qui est enraciné dans une nation familière – une identité proposée par le l'État-nation. Le photographe est aussi l'anti-thèse de l'exilé qui se définit par la nostalgie pour le pays quitté ainsi que par l'étrangéité (ou encore par « l'inquiétante étrangeté ») vis-à-vis de l'autre et du nouveau pays. Selon le paradigme national, se comprendre c'est appartenir. Dans cette optique, le photographe, du fait qu'il ne comprend pas sa langue maternelle, n'appartient pas à son pays d'origine. Quant au paradigme exilique, les structures émotives dominantes exprimées par le genre exilique sont celle de « l'inquiétante étrangeté[16] ».

La notion de « l'inquiétante étrangeté » (« *Das Unheimliche* ») telle qu'élaborée par Freud est étroitement liée à l'idée de « chez soi » : *Heim* en allemand et *home* en anglais, enfin, à l'idée du familier. D'ailleurs, d'autres traductions de cette notion d'"Unheimliche" sont : « le non-familier », « l'étrange familier » ou même « le (familier) pas comme chez soi[17] ». Freud écrit que « l'inquiétante étrangeté est cette variété particulière de l'effrayant qui remonte au depuis longtemps connu, depuis longtemps familier[18] ». Le mot allemand *unheimlich* est manifestement l'antonyme de

---

15 *Idem*.
16 Régine Robin, *Le deuil de l'origine: une langue en trop, une langue en moins* [...], p. 207.
17 Bertrand Féron, « Introduction » [...], p. 212.
18 Sigmund Freud (1919), *L'inquiétante étrangeté et autres essais* [...], p. 215.

heimlich, heimisch[19] (qui veut dire « du pays »). À la lumière de ces définitions, nous pouvons constater que pour le photographe de *Calendar*, ce qui est supposé être familier est, en vérité, étranger. Son pays d'origine ne peut pas lui offrir cette sécurité et familiarité du chez-soi, du « home » ; c'est ainsi qu'il explicitera ce rapport manqué dans une de ces nombreuses lettres à sa femme :

> We're both from here; yet being here has made me be from somewhere else.

Ainsi, pourrions-nous conclure que pour le photographe de *Calendar*, l'Arménie aussi bien que la langue arménienne relèvent de l'inquiétante familiarité[20] puisque après tout, ces lieux filmés ainsi que le guide d'Arménie représentent l'origine ancestrale et familiale du photographe, mais une origine de laquelle le photographe est aliéné de manière inquiétante.

Le photographe ne connaît pas sa langue maternelle ; il est donc sujet à une aliénation profonde lors de son séjour dans son propre pays d'origine. Pour lui, la langue arménienne relève de « l'étrange familier » de celui qui avait connu, mais qui ne connaît plus sa propre langue maternelle[21]. Ici, le photographe formule une philosophie de l'identité et de l'appartenance qui est celle d'Egoyan lui-même. Ayant perdu sa langue maternelle, l'arménien, dans son enfance pour en gagner une autre, notamment l'anglais à Victoria, Colombie-Britannique, le cinéaste avoue être fasciné par la perte d'un code si intime et si déterminant pour les liens affectifs de l'enfance que la langue maternelle : « The idea

---

19 *Idem.*
20 Janine Altounian, *La survivance* […], p. 63.
21 La notion de l'étrange figure aussi dans les discours de la survivance. Pierre Fédida, par exemple, parle d'une présence qui possède quelque chose d'étrange, comme un ancêtre absent, inconnu, mais qui continue à agir sur le présent (Pierre Fédida, « Préface » […], p. viii ; voir chapitre 6 ici, section 6.2. « Culture survivante et langue maternelle »).

that someone loses his first language fascinates me...²² » (voir aussi chapitre 2 ici, section 2.5. « Logique de la dissociation et contradiction »). Egoyan se sert de cette perte fondamentale comme matière première pour la structuration de son œuvre. En effet, l'impossibilité de la communication et de la connexion à une partie fondatrice de soi constitue un thème central dans *Calendar* ²³.

Cette langue ancestrale, à la fois familière et étrangère, a cessé d'être la langue maternelle du cinéaste depuis son intégration à un très jeune âge dans la vie scolaire canadienne anglophone. Dans *Calendar*, le photographe reproduit cette étrangeté en écoutant les douze actrices qui parlent des langues étrangères au téléphone à leurs amants fictifs. La langue *maternelle* du photographe est l'anglais, et rien ne l'incite tout au long du film à apprendre l'arménien, à renouer avec cette langue de laquelle il a été coupé. En fait, le photographe est si bien ancré dans sa langue canadienne qu'il écrit à sa fille adoptée d'Arménie en anglais, sachant qu'elle ne connaît pas cette langue – quelqu'un la lui traduira, certes –, mais l'invitant à l'apprendre pour qu'il puisse un jour converser avec elle : « I hope that your English lessons are going well. It's my dream that one day we'll be able to speak to each other ».

L'arménien est pour Egoyan une langue perdue ; et s'il est vrai, comme le dit le philosophe français d'origine arménienne Marc Nichanian, que « la seule 'expérience' de la perte, le seul 'dire' de la perte est dans la traduction²⁴ », nous comprenons alors pourquoi cette problématique de perte, de traduction domine dans *Calendar* : tout au long du film dans les scènes qui ont lieu en Arménie, le photographe est assujetti à la traduction, à cette condition de perte.

---

22 Atom Egoyan, « The Alienated Affections of Atom Egoyan. Interview with José Arroyo » […], p. 18.
23 Hamid Naficy 2001 et Jonathan Romney 2003.
24 Marc Nichanian, « Avons-nous vraiment perdu la langue à l'étranger ? » […], p. 155.

Pour Egoyan, l'arménien occidental est une langue qui ne peut plus jamais être parlée. « Une langue existe à l'intérieur de liens sociaux. Si l'on déporte les gens, les extermine, tous les liens sont coupés, et la langue qui subsiste n'est pas celle qui est vivante. Elle survit à l'état de forme sclérosée », réfléchit Janine Altounian dans une entrevue[25]. Auteure de plusieurs essais sur l'arménité et les questions d'identité et de représentation à partir de perspectives psychanalytiques, Altounian se dit « une Arménienne parlant un arménien de bric et de broc. Si je veux parler un meilleur arménien, je peux évidemment l'apprendre, mais ce n'est pas cet arménien que j'aurais appris, et qui serait *ma* langue[26] » (si le génocide n'avait pas eu lieu).

Le langage psychanalytique d'Altounian est à propos pour expliquer certains patterns récurrents chez Egoyan. « Ne pouvant ni parler cette langue, mais en même temps, ni la faire se taire, il s'agit d'un 'traumatisme répété'[27] », dont le pattern est on ne peut plus présent dans *Calendar*. Cette aliénation performée et répétée nous est mise en scène par le biais des actrices invitées qui parlent des langues étrangères, ce qui éveille à chaque fois le sentiment de dissociation et d'étrangéité chez le photographe.

4.4. Mémoire des lieux de l'origine : esthétique des ruines et d'absence

La distance temporelle et spatiale qui sépare Egoyan des lieux de son origine complique les notions de patrie et de « pays d'origine », mais surtout parce qu'historiquement, l'Arménie a été divisée en deux parties. Le cinéaste travaille donc avec deux mémoires arméniennes distinctes : celle de l'Arménie occidentale, et l'autre ex-soviétique ou orientale ; et ses représentations

---

25 Janine Altounian, « Entrevue avec Ara Toranian » […], p. 43.
26 *Idem*.
27 Janine Altounian, *Ouvrez-moi seulement les chemins d'Arménie: Un génocide aux déserts de l'inconscient* […], 125.

de ces Arménies sont multiples. L'Arménie contemporaine ex-soviétique – celle que nous voyons dans *Calendar* et où l'on parle le dialecte oriental (celui que parle le guide) – est supposée être, d'après les discours nationalistes, la patrie de tous les Arméniens (les natifs, aussi bien que les diasporiques). Cependant, les diasporiques post-génocidaires et post-exiliques sont les descendants des Arméniens qui ont vécu en Arménie occidentale[28] (où se parle le dialecte occidental, celui d'Arsinée, aussi bien que celui de la famille d'Egoyan). Dans *Ararat*, nous voyons l'Arménie occidentale de 1915 où plusieurs massacres, génocide et déportations ont eu lieu entre la fin du dix-neuvième siècle et les débuts du vingtième siècle (Voir chapitre 5 ici, section 5.7. « Première mise en abyme : Mémoire survivante des lieux »). Quant à l'Arménie ex-soviétique – dite orientale–, elle figure tout au long de *Calendar* sous forme de ruines et de restes de l'Antiquité. Dans les deux films, l'« Arménie » est représentée sous deux ensembles distincts de représentation.

Dans *Calendar*, Egoyan offre une représentation de l'Arménie ex-soviétique qui est semblable à celle de l'Arménie post-génocidaire que nous verrons dans le film de Raffi dans *Ararat*. C'est une représentation de destruction, qui dépeint non seulement la véritable déchéance de ce qui a existé en tant que « patrie » d'origine, mais qui, de plus accentue la distance temporelle qui sépare les deux personnages diasporiques – le photographe et sa femme – de leur passé historique. La représentation qu'offre Egoyan de la détérioration physique des premiers symboles ancestraux de la nation arménienne, c'est-à-dire, les églises et les monuments religieux, évoque la mort d'une symbolique dans son imaginaire de l'origine. Pour lui, l'origine est, comme il est aussi le cas pour la langue maternelle, morte ; et le deuil en est impossible. La seule chose qui soit possible, c'est la répétition et la représentation de

---

28 Notons cependant que depuis la dissolution de l'Union soviétique, une nouvelle diaspora provenant de la République d'Arménie post-communiste est en train de se constituer en Occident.

l'irreprésentable. De plus, la dégradation organique représentée par les ruines symbolise la dégradation métaphorique des liens entre le cinéaste et sa patrie d'origine ainsi que sa lignée arménienne.

Sur le plan cinématographique, les ruines de l'Antiquité sont distanciées à travers de multiples stratégies de médiation : la narration/présentation du guide, la traduction/interprétation d'Arsinée, aussi bien que les photographies, les bandes vidéo et les films super-8 que le cinéaste/vidéaste/photographe manipule dans son studio à Toronto.

Qui plus est, Egoyan offre une représentation atemporelle de l'Arménie. En insistant sur les paysages ruraux tout au long du film, ainsi que sur d'autres symboles de l'éternité et de non-temporalité – comme le troupeau interminable des moutons –, Egoyan, encore une fois, met en lumière la distance qui sépare les personnages du film d'avec l'Arménie contemporaine et actuelle, sujette à et limitée par le temps.

Dans *Calendar*, le cinéaste ne filme pas une véritable Arménie vivante, ce qui accentue l'absence d'une patrie d'origine dans la construction de l'identité post-exilique des personnages. L'Arménie actuelle, qui connaît des transformations majeures depuis l'effondrement de l'Union Soviétique, quoique noyée dans la misère, ne figure guère dans les films d'Egoyan. Ceci se contraste de manière significative avec d'autres films d'artistes arméniens post-exiliques, comme nous le voyons, par exemple, dans *Last Station* de Nora Armani ou encore dans *Le Voyage en Arménie* mentionné dans l'introduction, section 1.3. ici.

Dans *Last Station*, film autobiographique de Nora Armani, le personnage principal, une comédienne, décide de rester en Arménie après sa première tournée dans la capitale, Erevan. S'étant séparée de son mari afin de poursuivre sa carrière de comédienne, Nora vit un désespoir profond lorsqu'elle témoigne des files interminables pour acheter le pain lors de sa première matinée dans la capitale arménienne. Contrairement aux personnages de *Calendar* qui se promènent, presque errants dans les paysages ruraux, la protagoniste de *Last Station* se trouve pleinement au cœur de la première ville du pays où elle assiste aux activités quotidiennes d'une Arménie contemporaine vivante, même si lésée et appauvrie. Il en est de même dans *Le voyage en Arménie* de Robert Guédiguian. Les personnages qui retournent en Arménie partagent un paysage vif dans lequel le protagoniste principal aimerait finir ses jours. Ce n'est certainement pas le cas pour le photographe de *Calendar* qui, lui, reste à la périphérie de la représentation de ce pays ancestral.

4.5. Aliénation de l'origine : performer l'absence, l'abstraction et la dissociation

Étranger à son origine, le photographe performe l'absence en ne figurant guère dans les scènes qui se déroulent en Arménie. Sa voix hante le texte, mais jamais son corps n'entre dans le cadre des multiples appareils visuels : il ne paraît ni dans les photographies, ni dans les vidéos, ni dans les super-8. Plus étonnant encore, son image n'est présente dans aucune scène filmée sur le territoire arménien tout au long du film. Par son éloignement des représentations visuelles de l'Arménie, Egoyan impose le paradigme de la distance et va au-delà des limites du paradigme exilique de la représentation et des structures émotionnelles nostalgiques. Dans *Calendar*, Egoyan présente un défi au cinéma exilique : ce qu'il veut accentuer, c'est la présence d'une voix qui interroge incessamment, tout au long du film et qui est dissociée du corps, métaphore pour la dissociation du sujet post-exilique de son pays d'origine. Ces questionnements incessants sur les lieux et sur la langue d'origine sous-tendent l'absence d'une arménité intégrale dans l'identité du photographe, et il est à jamais impossible de guérir la césure d'avec l'origine.

Le sens de l'appartenance pour le photographe prend une dimension différente que celui manifesté par sa femme. Lorsque le guide lui demande (c'est Arsinée qui traduit) s'il n'a pas envie de s'approcher, de toucher et sentir les églises, le photographe répond : « Hasn't really occured to me ... No, I don't really ». Pour lui, l'identification repose sur la manipulation dans son studio de Toronto du support technologique du matériel cueilli dans le pays d'origine. Ce qui reste de l'origine pour le cinéaste est un imaginaire des ruines et de l'absence.

La distance qui figure dans les représentations qu'offre Egoyan de la patrie d'origine « *homeland* » et de l'identité nationale reflète la relation abstraite qu'entretient le cinéaste avec les communautés arméniennes en diaspora aussi bien qu'avec les lieux de son origine. Dans un texte inédit intitulé « Calendar », Egoyan souligne « la nature précaire de l'identité nationale[29] » et maintient que son rapport à l'Arménie, comme d'ailleurs celui qu'a intégré sa femme – Arsinée Khanjian –, est « très abstrait[30] », même si Arsinée a grandi dans une communauté arménienne avec une expérience concrète de l'identité arménienne diasporique. Egoyan explique :

> [Arsinée] est née à Beyrouth, mais, contrairement à moi qui ai été élevé dans un environnement complètement étranger, elle a grandi au sein de la plus importante communauté arménienne de la diaspora. Elle avait une idée précise de ce que peut signifier le fait d'être « arménien », idée fondée sur une expérience tangible et durable des valeurs et des traditions de la communauté. En revanche, son rapport à l'actuel territoire de l'Arménie était moins net. Sa communauté exilée l'avait certainement élevée dans l'idée d'une patrie historique rêvée, et, même si son expérience de l'Arménie était

---
29 Atom Egoyan, « Calendar », texte inédit […], p. 94.
30 *Idem.*

moins « voyeuriste » que la mienne, elle restait quand même très abstraite[31].

Ici, Egoyan observe comment les différents sujets diasporiques migrants vivent leur relation avec leur pays d'origine selon le vécu particulier en diaspora. À travers deux personnages diasporiques, Egoyan montre deux manières différentes de traiter les questions de l'origine ancestrale. Comme Atom Egoyan et Arsinée Khanjian eux-mêmes, le photographe et sa femme sont des sujets diasporiques de la troisième génération qui ont des « idées » différentes de ce que signifie d'être arménien. Il n'est pas certain que la décision de la femme du photographe de rester en Arménie soit motivée par le fait qu'elle « avait une idée précise de ce que peut signifier le fait d'être 'arménien[32]' » – ce qui n'est pas le cas pour le photographe. Une chose est certaine, cependant : il s'agit du fait que la relation directe qu'entretient Arsinée avec le guide dans *Calendar*, ainsi que son approche physique et son attachement aux sites historiques de l'Arménie s'opposent de façon évidente et significative à l'attitude détachée et fugitive du photographe. Lorsque sa femme l'invite à faire un tour pour découvrir et « sentir » les lieux, il refuse et préfère s'exclure – il demeure un observateur, un spectateur distancié :

> What I really feel like doing, is standing here and watching you, watching, while the two of you leave me, and disappear into the landscape that I'm about to photograph.

La relation abstraite qu'entretient Egoyan avec l'Arménie devient encore plus claire lorsque nous comparons l'œuvre de ce cinéaste canadien d'origine arménienne avec celle de son homologue, Don Askarian, un exilé de l'Arménie ex-soviétique résidant en Allemagne. Dans une discussion du film *Avetik* [33], Hamid

---

31 *Ibid.*, p. 93.
32 *Idem.*
33 Don Askarian, *Avetik* […].

Naficy maintient qu'Askarian travaille dans le contexte d'un « projet nationaliste », exposant non seulement les impressions et les sentiments du personnage principal, Avetik, envers la destruction dans son pays natal, mais aussi ses réflexions sur l'Histoire de ce pays en guerre avec ses voisins[34]. Plus loin, Naficy, dans sa discussion du même film, écrit : « Like many exiles, [Avetik] is bifurcated : physically in exile, he is mentally and emotionally in the homeland[35] ».

Nous pouvons donc observer une distinction majeure entre les deux représentations de l'Arménie offertes par les deux cinéastes : dans le cas d'Askarian, il s'agit d'un discours exilique, dans le cas d'Egoyan, il est question d'une approche post-exilique. Le premier donne à voir un personnage principal submergé dans sa condition d'exilé, le deuxième ne cesse d'établir de la distance, et ce à plusieurs niveaux, entre ses personnages et leur pays d'origine. Avetik existe dans des conditions de survie en Allemagne. Il est physiquement en exil sous l'emprise de la nostalgie ; et mentalement et émotionnellement, il est dans le pays quitté. Il ne *vit* pas en Allemagne, mais a une adresse à Berlin[36]. Dans *Calendar*, la situation est tout à fait contraire : le photographe *est* physiquement dans le pays d'origine, mais le spectateur ne l'y voit jamais. Ceci marque un moment transgressif majeur dans l'art cinématographique d'Atom Egoyan. Ce que le photographe fait en Arménie, c'est maintenir une position qui diffère de celle présentée par les discours principaux sur l'exil en général et par les propos nationaux de la diaspora arménienne en particulier.

Alors qu'Askarian jouit du fantasme d'un possible retour, ce qui constitue « la marque d'une continuité psychique de soi dans l'espace et le temps[37] », pour Egoyan, il s'agit d'une « discontinuité

---

34 Hamid Naficy, *An Accented Cinema* […], p. 159.
35 *Ibid.*, 160.
36 *Idem*.
37 Janine Altounian, *La survivance* […], p. 86.

brisant à la fois le temps du sujet et son lien aux lieux de son insertion initiale dans le monde[38] »

Dans *Calendar*, Egoyan n'entame pas les questions de la nation et de l'Histoire de la même façon qu'Askarian. Tandis que ce dernier montre des scènes de l'Arménie contemporaine – les tueries des Arméniens par les Azéris dans les années quatre-vingt et le tremblement de terre de 1988 –, ce que nous voyons dans *Calendar*, aussi bien que dans le deuxième film-dans-le-film dans *Ararat* (celui tourné par Raffi en Turquie ; voir section 5.9., chapitre 5 ici), ce sont les ruines d'une autre Arménie, une Arménie lointaine, historique et qui n'existe que dans l'imaginaire de la diaspora post-génocidaire et post-déportations.

La relation du photographe avec l'Arménie est, comme l'avoue Egoyan, « voyeuriste[39] ». Sa position stable *derrière* la caméra dans toutes les scènes qui sont filmées en Arménie suggère que le photographe est un spectateur qui se dissocie de ses territoires ancestraux par le biais de son art. Le personnage de Khanjian, cependant, opte pour un emplacement dans la patrie : elle « retourne » à l'origine et favorise l'intimité avec le « *homeland* », une attitude qui s'insère dans la dichotomie stéréotypique de l'exil-patrie. Son approche est physique et fusionnelle ; son contact direct avec les figures de l'héritage national arménien relève d'un désir de renouveler ses liens avec l'origine discontinue. Mais en réalité, il s'agit d'une simulation de retour ou de ré-intégration de l'origine chez le personnage de Khanjian ; car l'Arménie soviétique ne représente pas véritablement sa patrie d'origine. Cette « origine » reste étrangère aux Arméniens occidentaux qui n'ont jamais vraiment connu l'Arménie soviétique ou orientale. Mais en fait, ce qui est intégré, si intégration il y a, ce sont les ruines d'un pays qui n'a jamais été l'origine. Ou, qui l'avait été une fois, peut-être, dans un passé mythique nationaliste, dans l'Antiquité.

---

38 *Idem.*
39 Atom Egoyan, « Calendar », texte inédit […], p. 93.

Le personnage d'Egoyan demeure détaché des lieux de l'origine, et lors de son retour à son studio de Toronto, il reproduit la condition de dissociation et d'aliénation qu'il avait ressentie dans « son » pays ancestral. Ainsi, le cinéaste présente deux visions différentes sur la condition post-exilique d'abstraction et d'absence du « Même ». Le refus du photographe de « sentir » et de « toucher » les monuments et les ruines de son pays d'origine marque son détachement de l'identification à l'appartenance nationale et territoriale. Il y a chez le personnage du photographe un refus de l'intimité avec l'organique. L'organicisme, selon Michael Ignatieff, est une composante centrale dans la définition de l'appartenance nationale[40]. Ainsi, l'attitude du photographe suggère une coupure d'avec la dimension organique de l'appartenance collective.

En fait, dans *Calendar*, la photographie sert comme métaphore pour la rupture avec l'intime ; il s'agit d'un positionnement distancié propre au sujet post-exilique – « a stance in which one stands at a distance from one's own emotions[41] ». Le voyage du photographe en Arménie est motivé par le projet d'un calendrier qui lui avait été proposé par un organisme communautaire de la diaspora. Lorsque le guide d'Arménie lui demande s'il serait allé en Arménie s'il n'y avait pas eu ce projet, le photographe répond : « Not really, not if I didn't have a specific reason to come here ». Le photographe n'est évidemment pas concerné, non plus, par l'idée de « retourner » pour vivre en Arménie. Lorsque le guide dit à Arsinée qu'il serait probablement préférable pour les enfants – si elle en avait avec Atom – de vivre sur les terres de leurs ancêtres, le photographe répond d'un ton désaffecté : « He thinks if we had children we'd come and establish ourselves in Armenia ? ». Ainsi, le photographe confirme sa séparation définitive et constitutive d'avec sa patrie ancestrale.

---

40 Ignatieff 1993 ; Hedetoft, Ulf & Mette Hjort 2002.
41 Teshome Gabriel, « The Intolerable Gift : Residues and Traces of a Journey » […], p. 78.

4.6. Le père de la nation

> La croyance en des ancêtres communs, réels ou putatifs, est ce qui distingue le groupe ethnique d'autres catégories sociales et culturelles […] la croyance en des liens de sang, sur des liens primordiaux opposant des groupes aux frontières immuables, définies de façon étanche et irrévocable […] une conception naturaliste des rapports sociaux[42].

En créant le personnage du guide, Egoyan construit une figure archétypale qui représente l'Histoire et la culture arméniennes, mais qui incarne aussi l'ancêtre commun des trois identités arméniennes présentées dans ce film. D'après la diégèse, le guide représente aussi le lien avec le passé. Pour Arsinée, il est possible de découvrir ce lien en conversant avec le guide, mais ce lien ne peut s'établir de façon directe pour le photographe, car la communication entre lui et le guide doit passer par l'interprétation de la femme du photographe. Ce lien au passé est aussi discontinu : une bonne partie de la conversation entre le guide et Arsinée reste non traduite, non médiatisée, et donc non transmise. Ainsi, le photographe, comme le spectateur non arménien ne peut avoir un accès total à l'Histoire, ni à la culture arménienne, et son rapport avec la figure de l'ancêtre est instable.

Pour reprendre les termes de Michael Ignatieff, le guide est le Natif arménien par excellence : l'homme en relation harmonieuse et organique avec le territoire arménien, sécurisé par une langue et par une culture nationale et ancestrale. Arsinée, même si elle appartient à la diaspora, est capable de comprendre le Natif sur les terres natales de celui-ci. Par contre, son « retour », cette reconnexion à l'Arménie n'est pas un retour au sens chronologique

---

42 Danielle Juteau, *L'ethnicité et ses frontières* […], p. 178.

du mot. « Le retour sur un territoire d'origine ne peut plus être un retour à une situation antérieure[43] ».

Le guide possède une connaissance viscérale des monuments de la patrie ; sa perception intuitive de la culture, de l'histoire des églises et des lieux visités le place à l'autre extrême du pôle identitaire qu'Egoyan nous donne à voir dans ce film, notamment à celle du photographe incapable d'entrer en contact avec cet environnement physique, mais aussi incapable d'entrer à l'intérieur des églises et des monuments. Nous pouvons aussi opposer cette distance avec laquelle travaille le photographe à la proximité que désire sa femme, non seulement aux lieux ancestraux, mais aussi à la figure nationale du guide. En se distanciant du guide, le photographe refuse d'appartenir organiquement à cette généalogie arménienne promue sur un sol ancestral.

Le personnage du guide établit non seulement une figure d'ancêtre fondateur mythique ; il représente aussi l'autorité officielle étatique impeccable. Il s'agit de ce père de la nation qui détermine l'identité de ses citoyens, mais aussi, c'est lui qui autorise le passage de l'étranger sur son territoire. Dans la scène où le guide joue le rôle d'un officier KGB, le photographe remet son passeport canadien à celui-là aux fins d'une inspection minutieuse de son identité. Par ce geste qui donne à voir une identité officielle canadienne, le photographe affirme son extériorité au territoire arménien. Mais le passeport ne représente qu'une seule dimension de l'appartenance. Arsinée, même si elle possède un passeport canadien, ses affinités avec la culture arménienne et son désir manifeste pour le territoire arménien mettent à l'avant une autre façon d'appartenir. Il s'agit d'une appartenance basée sur un sentiment affectif, celui qu'aucun passeport ne pourrait désigner. Pour elle, le guide pourrait représenter un père de la nation - substitut pour le père diasporique « en faillite[44] ». Comme nous avons vu dans

---
43 Bruno Lonchampt, « L'identité culturelle en exil » […], p. 241.
44 Janine Altounian, « Famille sous terreur et conflits 'œdipiens'. Peut-on aimer/haïr père et mère sous la terreur de l'extermination ? » […], p. 351.

le chapitre précédent, le père arménien en diaspora est incapable de « produire du sens national[45] ». Il est donc logique d'aller en Arménie pour chercher une culture qui peut produire des pères fondateurs et qui permet à Arsinée de s'identifier avec cette origine arménienne nationale mythique. En ayant ce rapport intime et direct avec la figure de l'ancêtre mythique, Arsinée s'approprie une mémoire nationale ancestrale native de ces terres millénaires. Mais quoi qu'il en soit, cette construction ou cette symbolisation de l'identité arménienne a une valeur de substitution, car cette Arménie ex-soviétique n'est pas l'Arménie d'où est issue la diaspora occidentale. Et c'est le personnage du photographe qui incarne cette identité post-exilique, qui refuse de s'approprier cet héritage ancestral devenu inopérant dans la construction de cette identité-là.

Ainsi, le film établit, à travers le personnage d'Arsinée, une relation entre la diaspora et l'Arménie afin de construire une symbolisation non seulement des racines organiques aux identités diasporiques flottantes, mais aussi, et en même temps, afin de marquer une coupure définitive avec cette origine à travers le personnage du photographe. De cette manière, Egoyan reproduit la fissure dans l'ordre symbolique au niveau de la transmission de l'Histoire en diaspora, comme nous l'avons constaté dans l'analyse des deux premiers films (chapitres 2 et 3 de cet ouvrage).

Nous avons vu dans le chapitre précédent que les pères dans *Next of Kin* et dans *Family Viewing* n'étaient pas en mesure de transmettre les signifiants de l'identité nationale arménienne. Le guide incarne avant tout le père de la nation de l'Arménie ex-soviétique et non pas de la diaspora. Il est une figure associée étroitement à l'identité nationale de l'Arménie soviétique, en lien organique avec le territoire de cette Arménie orientale. Il s'agit d'une identité historique « stable », légitimée par l'État

---

45 Benjamin Stora, cité dans Hélène Piralian, « Rupture de transmission et violence » […], p. 150.

arménien indépendant au lendemain de l'écroulement de l'Union soviétique. Cette identité pourrait servir de constant et d'origine organique pour le Sujet de la diaspora en quête de racines, comme nous le montre l'exemple d'Arsinée. Mais les efforts du guide de regagner le photographe, ce fils banni de la patrie, ne pourront se réaliser.

4.7. Représentation/présentation

Dans *Le lien communautaire*, l'anthropologue française d'origine arménienne, Martine Hovanessian, relève chez les Arméniens de la troisième génération de la diaspora des comportements « contre la tradition figée[46] » et met en lumière « une culture vivante et recomposée[47] ». Elle observe un mouvement de la représentation totalisante vers la présentation qui se penche sur la dimension individuelle et créatrice de l'identité : « Les connivences artistiques semblent les supports culturels favorisés pour exprimer l'intensité de l'appartenance[48] ».

C'est bien la complicité artistique que le photographe désire de sa femme, privilégiant ainsi la présentation d'une identité individuelle à celle collective. Par son attachement au territoire arménien, Arsinée lui semble de plus en plus éloignée de leur couple. Tout en connaissant les sentiments détachés d'Atom envers l'Arménie, elle lui demande des réponses définitives aux questionnements du guide. Serait-il allé en Arménie si le projet du calendrier ne lui avait pas été proposé, par exemple ? Atom se sent aliéné :

> How can you ask me to respond to all these questions, when you *know* of the answers ? Why can't you refer to *our* history of each other ? *You make me feel like a stranger.* [...]

---

46 Martine Hovanessian, *Le lien communautaire* […], p. 260.
47 *Idem*.
48 *Ibid*., p. 261.

> *We're both from here; yet being here has made me be from somewhere else.*

En Arménie, Arsinée est prise par les histoires que lui raconte le guide ; elle se sent appartenir à l'Histoire du pays. Atom se sent exclu de cette Histoire ; nous entendons sa voix déçue demander à sa femme :

> Has this place made you forget *our* history ? Has this place that you've dreamed of made you forget *our* dreams ?

Le photographe voudrait se présenter lui-même et non pas être représenté par l'Histoire. Dans une entrevue avec Julia Reschop, Egoyan commente sur la divergence entre la représentation d'un côté et la présentation de l'autre dans *Calendar* :

> L'histoire [de *Calendar*] est racontée par la « représentation » des endroits, en « présentant » le processus de leur création. [...]
>
> L'idée de se présenter implique que vous vous exhibiez, que vous ayez une forte conscience de votre propre personnalité[49].

Ainsi, les dimensions individuelle et artistique impliquées dans la construction de l'identité sont mises en relief dans le film. Et c'est justement pour cette raison que le photographe ne paraît que dans son studio de Toronto. C'est dans cet espace de rencontres des références hétérogènes où il nous présente son matériel, insistant sur son identité d'artiste. Ainsi, Egoyan sauve le personnage du photographe d'un certain déterminisme identitaire ; le photographe ne se contentera pas d'adopter une identité arménienne reçue ou pré-définie. Ceci pourrait refléter l'épuisement de la part du cinéaste d'avec la politique canadienne du multiculturalisme

---

49 Atom Egoyan, dans Julia Reschop, « Entretien avec Atom Egoyan » [...], p. 63.

– une stratégie qui, dans les mots de Stuart Hall : « aims at a convenient Othering and exoticisation of ethnicity[50] ».

Le cinéaste essaie de nous dévoiler quelques aspects de sa personne, de son identité personnelle ainsi que sa propre appartenance collective lors de la dernière scène dans son studio. En fait, paradoxalement, c'est dans l'espace où le photographe insiste sur son identité d'artiste qu'il va enfin parler ouvertement, pour la première fois, de ses origines. Car il ne peut s'identifier à l'Arménie qu'à distance, qu'en dehors de l'Arménie. Il s'agit de sa rencontre intime avec l'actrice égyptienne, avec qui il s'ouvre pour se présenter dans le film sans aucune médiation, car à ce point, il se débarrasse de son cahier et son crayon et demande à l'actrice d'arrêter son acte ; là, nous les voyons converser, face à face, autour de l'identité, des généalogies, des origines ethniques d'un point de vue on ne peut plus personnel. Certes, le photographe éprouve une affinité avec elle dont le père est arménien, né en Égypte, comme Egoyan lui-même et ses parents. Alors, il l'interroge :

> Atom : When you said before that your father was Armenian, I mean he's not really Armenian ...
>
> Actrice : Well, he *considers* himself to be Armenian.
>
> Atom : That's ridiculous, it's like saying I *consider* myself from Yugoslavia or from anywhere else ; I mean just because his grandfather was Armenian... I mean my ...
>
> Actrice : I *consider* myself to be *Egyptian* and I grew up in *Canada*.

---

50 Stuart Hall, cité dans Leela Gandhi, *Postcolonial Theory : A Critical Introduction* […], p. 126.

2. Le photographe et l'actrice égyptienne dans *Calendar*
© : Ego Film Arts

Cette expression de l'identité à la première personne, ce discours du je (« *I consider myself* »), cela vient amplifier les aspects personnels au niveau de la représentation de l'identité ethnique : chacun se présente à son sens. Mais ce processus d'identification se complique lorsqu'à la fin de cette scène, chacun reconnaît « un certain air » égyptien chez l'autre. Lorsque le photographe dit à l'actrice « You look Egyptian », elle lui dit à son tour : « I can see it in you too ... I wouldn't say you were Canadian ». Que signifient ces remarques dans la construction de l'identité individuelle et collective ? La question qui se pose ici ne concerne pas le fait qu'un personnage « a l'air » égyptien, arménien, ou canadien. Ici, les perspectives personnelle et collective de l'identité sont fusionnées. Il n'y a pas de distinctions analytiques entre les différentes manières de présenter l'identité. Il est plutôt question de « se sentir », « se considérer », « avoir l'air » ; et le cinéaste nous laisse avec des questions plutôt qu'avec des réponses : pourquoi n'a-t-il pas l'air canadien ? Pourquoi l'actrice se considère-t-elle égyptienne ? Egoyan insiste ici sur la malléabilité et la multi-dimensionnalité de l'identité, ainsi ouvre-t-il la voie aux contradictions et aux paradoxes, en mettant en avant le précaire et l'aléatoire, mais aussi la dimension auto-fictionnelle de l'identité.

4.8. L'entre-deux

Les deux faces de l'identité concernant l'origine – individuelle et collective – ne constituent pas une simple dichotomie d'opposition binaire, d'autant plus que leur union ne constitue pas non plus une unité prédéterminée. Il s'agit plutôt d'habiter un entre-deux qui est lieu de mouvance, de prégnance, de création. Daniel Sibony élabore la notion de l'entre-deux dans le contexte de l'origine et des racines :

> Les deux parties, liées du fait de la coupure qui les sépare, ne forment pas un tout (encore moins sont-elles le tout) quand elles sont réunies. Qu'est-ce qui les fait échapper à la totalité ? Le temps qui s'écoule, la génération [...] qui fait qu'une alliance passée entre les ancêtres et leur Autre, un lien solide pourtant, peut se retrouver trahi à la génération suivante, ou renouvelé, ou repris tout autrement[51].

Nous témoignons de cette impossibilité de « former un tout » ou ce non-désir de renouer avec l'origine chez le photographe qui se montre détaché de l'appartenance à l'Arménie : il se « montre » absent. Egoyan présente de façon percutante cette séparation : tout au long du film, le spectateur ne voit pas le photographe ; ainsi nous sentons cette absence physique du pays d'origine dans sa vie, à travers l'absence de son corps dans le film. Egoyan préfère un lieu de multiplicité et de fusion, ainsi qu'un espace de manque et d'étrangeté. Nous ne le voyons qu'au Canada, pays symbolique de la pluralité culturelle, noyé dans une multiplicité de langues étrangères et de musiques très variées dont la juxtaposition choque le spectateur. C'est là où le cinéaste se permet de ressentir

---
51   Daniel Sibony, *Entre-deux: l'origine en partage* […], p. 17.

le manque et la mélancolie. Egoyan reproduit l'étrangéité en écoutant les différentes femmes parler à leur amant dans une langue qu'il ne comprend pas – un rituel de rencontre qui met en relief les tensions et l'anxiété de la séparation. La situation l'inspire : nous le voyons écrire avec nostalgie à sa femme qui décide de rester en Arménie, ainsi qu'à sa fille adoptive, toutes deux absentes.

4.8.1. La séparation constitutive

Comme le soulignent de nombreux critiques du cinéma contemporain, *Calendar* présente avant tout le récit d'une séparation qui est déchirure et distance[52]. La métaphore de la séparation est récurrente à plusieurs niveaux dans le film. Non seulement entre Arsinée et Atom, mais aussi au niveau des paysages de l'Arménie : toutes les scènes en Arménie sont coupées de l'Arménie contemporaine ; on ne voit que des ruines et des monuments historiques. Les églises, par exemple, ne se rattachent pas à la vie quotidienne de la population vivant dans ce pays, mais ont une vie en elles-mêmes – elles semblent éternelles : désertées, isolées, elles sont fétichisées et représentent l'Arménie intérieure du photographe. Même la scène dans laquelle nous voyons quelques habitants (d'ailleurs la seule fois qu'Egoyan filme des personnes en dehors des trois protagonistes principaux) – la scène de la fête – a lieu dans un paysage rural qui, pour Egoyan, « suggère une conception du temps totalement autre, [...] intemporel[le][53] ». En outre, il n'est guère besoin de rappeler l'insistance du cinéaste sur la distance qui se déploie au niveau de la technologie entourant les personnages de son film. En fait, le studio du photographe est envahi par une pluralité et une complexité percutantes sur le plan de la représentation. Il s'agit d'un habitat peuplé par la juxtaposition de références culturelles hétérogènes : images de vieilles églises

---

52 Sylvie Rollet 1997 ; André Roy 1993.
53 Atom Egoyan, dans Julia Reschop, « Entretien avec Atom Egoyan » [...], p. 66.

sur le mur, musique rock – guitare électrique – et plusieurs langues étrangères parlées par différentes femmes appartenant à des communautés culturelles variées. De même, les différents médias de présentation et de communication, tels la manipulation des enregistrements vidéo, l'appareil téléphonique et le répondeur, servent de métaphore à l'identité hétérogène et palimpsestique du cinéaste. À ce titre, il est pertinent de citer la constatation de Paul Willemen qui soulève le surgissement de nouvelles stratégies esthétiques et cinématographiques – celles de la déconstruction qui émane de l'idée « traumatique » que « le langage n'est pas un système homogène et autosuffisant[54] ». L'emploi excessif de la technologie dans le film a comme fonction à la fois de symboliser et de créer de la distance, ce qui représente la brèche par excellence qui existe entre le cinéaste et son matériel – dans ce cas, l'Arménie. Dans *Calendar*, l'identité du photographe se mêle avec celle du spectateur, qui est essentiellement un Autre ; ceci intensifie la distance importante avec laquelle l'artiste travaille déjà. Mais ce qui reflète de façon encore plus directe la volonté du cinéaste de se dissocier de ses origines nationales, c'est la nomination de sa compagnie de production « *Ego* Film Arts », effaçant le suffixe *-yan*, la marque la plus représentative de l'arménité. Par ce geste, Egoyan voudrait entrer dans le champ symbolique de la société par un signifiant différent de celui correspondant à sa lignée arménienne. Ce devenir « Ego », relève d'une séparation à la fois du Nom du Père et du père de la nation. En d'autres mots, la dissociation du cinéaste d'avec sa filiation généalogique, ce « désengagement de la loi du père[55] » pourrait être lu comme une métaphore pour l'impossibilité de nouer avec sa nation d'origine, et annonce « l'expérience d'une liberté identitaire. Le nom n'est pas figé[56] ».

L'écroulement de ce lien originaire, cette disjonction d'avec le cordon ombilical onomastique national, non seulement vient-elle

---

54 Paul Willemen, *Questions of Third Cinema* […], p. 7.
55 Martine Delvaux, *Histoires de fantômes* […], p. 48.
56 *Ibid.*, 48.

marquer une coupure avec sa nationalité ou son ethnicité d'origine ; en même temps, elle constitue une reproduction de la scène traumatique originelle du peuple arménien, c'est-à-dire, leur séparation violente de leurs terres natales, de leur communauté et de leurs familles au début du vingtième siècle. Cette thématique constitue l'objet central du long-métrage *Ararat*, analysé dans les deux chapitres suivants, 5 et 6.

4.9. La Déterritorialisation

La représentation de l'Arménie dans *Calendar* peint une entité historiquement perdue, existant seulement sous forme de ruines et accessible uniquement par un imaginaire qui se construit et se reconstruit sur quatre générations diasporiques. Les images qui représentent l'Arménie post-génocidaire dans l'œuvre d'Egoyan donnent à voir un territoire déserté, en ruine, un *no man's land* qui, en réalité, fait partie de la Turquie orientale qui est inaccessible sous forme vivante aux Arméniens de la diaspora aujourd'hui. Ceci reflète une composante significative de l'imaginaire propre au cinéaste, un imaginaire qui abrite un pays d'origine non viable dans la reconstruction de son identité post-exilique, non filmé encore, mais transposé sur l'Arménie soviétique : « ce bout de terre symbolique, [...] présent seulement dans mon esprit[57] ». Ainsi, jusqu'ici, avec les trois films que nous avons analysés dans cet ouvrage, nous pouvons dire que l'identité post-exilique que dépeint Egoyan à travers le personnage principal du photographe est, avant tout, basée sur la déterritorialisation.

En effet, le personnage du photographe dans *Calendar*, incarne cette condition de la déterritorialisation de façon percutante. Même si *Calendar* se situe, pour la première fois dans le cinéma d'Egoyan, entre le Canada, son pays d'adoption et l'Arménie, son pays ancestral, le film est loin de vouloir suggérer une unification

---

57 Antoine Agoudjian, *Les yeux brûlants, mémoire des Arméniens* [...], dernière page, pas de numérotation.

nationale sur le terroir d'une Arménie historique. Par la mise en scène du photographe détaché de l'entité organique du pays d'origine comme personnage principal, *Calendar* insiste plutôt sur la déterritorialisation du sujet post-exilique. Ceci présente en même temps la position distanciée de l'artiste lui-même. Gilles Deleuze et Félix Guattari, dans *Mille Plateaux*, proposent l'absence de territoire ou la « déterritorialisation » comme l'une des conditions qui favoriseraient l'écriture ou la création artistique. Pour ces penseurs, parmi les écrivains les plus forts sont ceux qui se trouvent dans l'entre-deux des cultures, les écrivains appartenant à des minorités, ou encore les individus en exil de leur pays natal. Egoyan se situe justement à la croisée de ces assises qui favorisent la création originale dont parlent Deleuze et Guattari. Pour le photographe de *Calendar*, l'enracinement dans un territoire d'origine s'avère impossible. Son identité s'insère dans le modèle du rhizome – le réseau horizontal –, c'est-à-dire, « qui ne commence pas et n'aboutit pas, il est toujours au milieu, entre les choses, inter-être, intermezzo[58] ». Ici, l'adverbe « entre » de l'entre-deux devient verbe : le Sujet de l'entre-deux *entre* toujours dans une nouvelle alliance, contrairement au sujet de la filiation dont l'appartenance à l'arbre généalogique est linéaire et fixe :

> L'arbre est filiation, mais le rhizome est alliance, uniquement d'alliance. [...] une autre manière de se mouvoir, partir au milieu, par le milieu, entrer et sortir, non pas commencer ni finir[59].

Mais la réflexion de Deleuze et Guattari concerne avant tout la production du « sens » et de la signification. Les interrogations de Deleuze sur la déterritorialisation font partie des préoccupations principales du philosophe : Qu'est-ce qui fait qu'une signification existe ? Quelle logique le sens possède-t-il ? Et par la même occasion : comment peut-on penser l'individu qui produit des significations multiples ?

---

58 Gilles Deleuze et Félix Guattari, *Mille Plateaux* […], p. 36.
59 *Idem.*

C'est cette dernière question qui nous préoccupe ici, car elle constitue une thématique centrale dans la réflexion d'Egoyan sur l'identité post-exilique plurielle. Pour Egoyan, l'identité nationale est de nature précaire, fragile et instable :

> Dissociée de son origine, l'identité nationale peut devenir artificielle et perdre toute signification. Où chercher l'origine d'un phénomène si profond et si complexe ? faut-il le limiter à une dimension physique ? Peut-il être défini à l'aide d'autres critères ? Autant de questions que je continue de me poser, et je suis heureux que *Calendar* m'ait aidé à trouver un commencement de réponse[60].

L'analyse du film *Ararat*, continue cette réflexion du cinéaste sur l'identité nationale et collective. Le métissage et la communion avec d'autres communautés culturelles ou nationales font partie des réponses d'Egoyan à ces questionnements complexes.

4.10. Conclusion

Dans *Calendar*, la conscience post-exilique du photographe renverse les théories de l'exil sur la relation au pays d'origine. Les processus de re-construction par le biais de son film *Calendar* ne présentent qu'un côté de la médaille diasporique. La nostalgie pour l'origine perdue, par exemple, ne figure pas dans son discours identitaire. Son séjour en Arménie est motivé par le projet du calendrier qui lui avait été proposé par un organisme de la diaspora. Au niveau stylistique, la narration non linéaire, les fragments dispersés mettent en place une esthétique de l'hétérogène et du discontinu : mémoires brisées, identités plurielles. Les trois consciences de l'identité arménienne, nationale/étatique, exilique et post-exilique peuvent co-exister. Egoyan est loin de vouloir peindre des portraits identitaires homogènes.

---

60 Atom Egoyan, « Calendar » […], p. 94.

Chapitre V

Filmer le génocide dans *Ararat* : Histoire, déplacement, représentation

Court résumé du film
***Ararat*, 2002**

« *Ararat* is not so much about the past as it is about the present. It is about the responsibilities of people living now », écrit Egoyan dans un essai sur ce film longtemps attendu par les Arméniens de la diaspora. *Ararat* rassemble plusieurs artistes, chercheurs et personnages issus des quatre générations de la diaspora arménienne pour raconter et représenter l'histoire du génocide arménien et ce à travers la réalisation du film-dans-le film nommé aussi *Ararat*. Mais naturellement, comme l'a déjà indiqué le cinéaste, *Ararat* ne prétend pas représenter le génocide de façon directe, mais de dépeindre plutôt les conséquences de cette catastrophe, ainsi que de son déni officiel, sur les générations post-génocidaires. *Ararat* est donc un film sur la transmission du trauma collectif, sur les familles disloquées et les vieilles et nouvelles identités bouleversées.

5.0. Introduction

> *Ararat* is a story about the transmission of trauma. It's cross-cultural and intergenerational[1].

> La première génération est mise à mort, la deuxième survit, la troisième parle. Elle parle la mort et la survie des précédentes[2].

Cette étude a jusqu'ici associé les trois films analysés avec les discours théoriques postmoderne, post-national, post-ethnique et post-exilique. Ces cadres théoriques, même s'ils rendent compte de façon bien pertinente des phénomènes liés à l'identité personnelle et collective ne sont pas suffisants pour l'analyse du long-métrage *Ararat*. Dans ce chapitre seront explorées les questions de mémoire, d'histoire et de transmission dans le contexte de la survivance et du trauma collectif, et ce à travers les représentations des quatre générations de la diaspora arménienne. Ce quatrième et dernier film que j'analyse dans cet ouvrage est, jusqu'à cette date, le dernier film dans lequel Egoyan traite de l'identité arménienne ainsi que du génocide de 1915 et de son déni. Quelles sont les stratégies de survivance chez les personnages arméniens post-génocidaires dans *Ararat* ? Comment le déni du génocide affecte-t-il les stratégies de survivance et de transmission chez ces individus diasporiques ? Quelle est la fonction du témoignage tardif dans ce film ? Ces questions seront étudiées en tenant compte de la dimension intergénérationnelle et interculturelle de la transmission de la mémoire et de la culture diasporique arméniennes. Seront ainsi examinées les notions de post-mémoire et du témoignage du génocide tout en inscrivant l'identité arménienne dans un contexte plus large que celui de ses réalités historiques exilique

---

1 Atom Egoyan, « In Other Words : Poetic Licence and the Incarnation of History » […], p. 900.
2 Janine Altounian, « *Ouvrez-moi seulement les chemins d'Arménie* » […], p. 197.

et génocidaire, c'est-à-dire, en rapport avec les réalités interculturelles canadiennes.

Ararat est l'œuvre d'Egoyan la plus communautaire : elle regroupe les quatre générations de la diaspora arménienne autour d'une même quête : la représentation de la mémoire du génocide arménien de 1915 dans un contexte de déni et de non-reconnaissance. *Ararat* est ainsi, le film d'Egoyan le plus politiquement et historiquement conscient. Le film se distingue, en effet, des autres films du cinéaste par la spécificité de sa mission politique de quête de reconnaissance du génocide auprès du gouvernement canadien qui, jusqu'en 2004, n'a pas reconnu les « événements » débutant bien avant 1915 en tant que génocide, malgré les efforts obstinés de la communauté arménienne du Canada pour obtenir une telle reconnaissance[3]. Le gouvernement canadien est représenté dans le film par l'agent d'immigration, étant présenté du début à la fin du film dans un espace on ne peut plus significatif, soit, à la douane de l'aéroport. *Ararat*, en tant que production culturelle engagée, amène à l'écran une réalité canadienne peu connue à ce moment de l'histoire (2002) ; sa problématique s'insère dans le tissu sociopolitique et historique du Canada interculturel. Le déni du génocide des Arméniens perpétré et maintenu par le gouvernement responsable et par plusieurs grands pays occidentaux, ainsi que les conséquences de cette dénégation sur les générations post-génocidaires constituent la thématique centrale du film. L'article écrit par Atom Egoyan en 2004, intitulé « In Other Words : Poetic Licence and the Incarnation of History » et publié dans the *University of Toronto Quarterly* nous renseigne sur l'approche lucide et consciencieuse du cinéaste envers l'histoire et les questions politiques et internationales concernant sa communauté d'origine. Egoyan écrit :

---

3   Voir les travaux de Lorne Shirinian, notamment, *Quest for Closure : The Armenian Genocide and the Search for Justice in Canada* ; *The Armenian Genocide : Resisting the Inertia of Indifference.*

> I arrived in Toronto [from Vancouver] in the fall of 1978. Convinced that I would make an excellent diplomat, I enrolled myself in the study of International Relations at Trinity College at the University of Toronto. At this point, my path was interrupted by two fortuitous meetings. The chaplain of Trinity College, Harold Nahabedian, was Armenian. I began to take Armenian lessons from him in an attempt to retrieve my mother tongue. Secondly, there was a very active Armenian Student's Association on campus, and I became a member. Although I was aware of the Armenian Genocide, its full impact was suddenly revealed to me, and I began to gear all my studies to the analysis of this event. My graduating thesis was an independent studies project on Western responses to the Armenian call for national self-determination on the part of Armenians in the aftermath of this atrocity[4].

Le bagage académique d'Egoyan en études internationales ainsi que son penchant vers le champ de la psychanalyse[5], donnent à *Ararat* une profondeur qui porte à conséquence : le film peut être considéré comme une psychanalyse collective de la diaspora arménienne. D'une part, Egoyan met en scène la perte des lieux de l'origine et le déplacement des symboles de la nation arménienne ainsi que la dissociation de leur sens original ; d'autre part, le cinéaste crée des personnages qui cherchent à représenter et à intégrer l'histoire du trauma collectif de leurs familles ou de leurs ancêtres.

---

4 Atom Egoyan, « In Other Words : Poetic Licence and the Incarnation of History » […], p. 887-888.
5 Egoyan avoue être séduit par le métier de cinéaste après avoir vu *Persona* d'Ingmar Bergman. Dans une entrevue accordée à José Arroyo, Egoyan dit que s'il n'était pas devenu cinéaste, il serait devenu psychanalyste (Atom Egoyan, « The Alienated Affections of Atom Egoyan, Interview with José Arroyo » […]).

5.1. Les enjeux de l'interculturel, ici et ailleurs

S'ajoutent aux réalités qui se rapportent à l'identité arménienne post-génocidaire celles qui touchent à d'autres composantes de cette identité diasporique canadienne telles que les relations avec des personnages issus d'autres communautés culturelles, comme Célia, la Québécoise (J'y reviendrai). D'autre part, le film traite de façon élaborée des préoccupations qui touchent à l'identité religieuse et aux questions du genre, comme nous le présentent les discussions entre les personnages de Phillip, le gardien canadien-anglais de la galerie à Toronto et son père, l'agent d'immigration du gouvernement canadien. Dans ce contexte, le film nous transmet les tensions qui existent entre le fils et son père au sujet d'un troisième personnage, Ali, jeune homme moitié turc-moitié canadien. C'est ce même personnage qui interprète le rôle de Jevdet Bey de l'Empire ottoman dans le film-dans-le-film. Il n'est pas clair, cependant, si le conflit entre le fils et le père canadiens concerne le rapport homosexuel entre Phillip et Ali, ou le fait qu'Ali est un musulman qui croit en un « dieu différent ». Cette dernière information est, en fait, source d'un malaise familial provoqué par les interrogations de l'enfant de Phillip au sujet des questions de l'appartenance religieuse. Egoyan n'a jamais cessé de souligner le travail que doit entreprendre l'enfant de parents mixtes ou de familles recomposées dans un Canada multiculturel. Dans le présent exemple, l'enfant est préoccupé par les différences au niveau de la croyance de son père biologique et l'amant musulman de son père.

Dans une scène où le grand-père rend visite à son fils, Phillip (qui vit avec son enfant d'environ huit ans et Ali), une discussion sur les différences religieuses laisse prévoir un conflit entre Phillip et son père. Les quatre personnages sont autour de la table et le grand-père demande à l'enfant de réciter une prière avant le repas. À la fin de la prière, seuls l'enfant et le grand-père disent « Amen ». L'enfant se manifeste alors ; s'adressant à son père Phillip, il lui demande :

- Dad, why didn't you say Amen ?
- I said it inside.
- Inside where ?
- Inside in my head.
- Can God hear inside your head ?

Phillip s'adresse alors à son propre père : « What do you think Dad ? ». Mais c'est Ali qui répond : « God can hear your thoughts everywhere ». À ce moment-là, l'enfant est bouleversé ; s'adressant cette fois-ci à Ali, il s'exclame : « I thought you didn't believe in God ! ». (Plus tard on comprendra que le grand-père avait dit à l'enfant qu'Ali croyait en un dieu différent).

Cette discussion servira de provocation entre Phillip et son père. Lorsque les deux s'embarquent dans la voiture, le fils accuse son père d'être oppressif à l'égard de Ali, et que s'il ne change pas son attitude de « disgust » envers Ali, il ne sera plus admis chez eux.

Ce conflit au cœur de la scène des relations interculturelles, qui met en opposition le dieu chrétien au dieu musulman, est important pour le développement du film, car le film-dans-le-film reprend cette dichotomie chrétien/musulman, ainsi que d'autres composantes identitaires, pour donner un aperçu du discours politique du gouvernement ottoman à la veille de son effondrement. De ce fait, les chefs nationalistes turcs ont entrepris de régler les problèmes de leur empire en se débarrassant de leurs minorités religieuses non musulmanes. C'est justement en association avec la religion chrétienne qu'intervient la mission américaine dans la ville de Van, présidée par le médecin Clarence Ussher. Ce médecin qui a travaillé auprès des victimes des massacres de l'Empire ottoman a écrit un témoignage autobiographique qui a été publié aux États-Unis en 1917 et qui sert de document historique pour la réalisation du film-dans-le-film intitulé *Ararat*. Dans une scène à Van, le docteur Ussher récite une prière aux jeunes garçons arméniens avant qu'ils n'aillent livrer une lettre au gouverneur dont le titre est : « *Appeal for Christian help* ». Lorsque le jeune Gorky, lettre en main, ira dire au revoir à sa mère, elle lui dit en arménien : « Si les Turcs te prennent, tu ne renonceras jamais à ta religion ! Tu ne renonceras jamais à ta langue maternelle !... etc. » Dans une autre scène, lorsque Jevdet Bey (rôle interprété par Ali) s'adresse au jeune Arshile Gorky, le gouverneur mentionne à Gorky le fait de sa religion : « … your prophet Jesus Christ … », mais rajoute d'autres traits distinctifs de la minorité arménienne, « My streets are overrun with your markets and moneylenders » pour souligner la « responsabilité » des Arméniens eu égard à la décadence de l'empire ottoman : « Your greed has led us to corruption and ruin. And now, you yourselves will be ruined ».

D'autres scènes du film-dans-le-film exhibent les symboles de l'identité chrétienne des Arméniens, comme le prêtre que nous voyons passer dans les rues de Van au début du film, et le rosaire dans la main de la femme qui est en train d'être violée par le soldat turc vers la fin du film. Ce détail est important dans le sens où la religion chrétienne ou l'Église est l'un des symboles les plus connus et les plus significatifs de la nation arménienne[6]. Cette mise en scène des symboles du christianisme est aussi importante dans le contexte du génocide et de sa médiatisation initiale en Occident, car c'est cette différence religieuse qui est soulignée, parmi d'autres, en rapportant les nouvelles des massacres dans les journaux occidentaux. Par exemple, en 1915, *le Devoir* au Québec écrit :

> [D]es massacres d'Arméniens par des *mahométans* [sic] se font sur une plus grande échelle qu'auparavant. Tous les habitants des villages près de Van, en Arménie, ont été mis à mort[7].

---

6   Egoyan écrit que les trois piliers de l'identité arménienne sont la communauté, l'Église, et la langue (Atom Egoyan, « In Other Words : Poetic Licence and the Incarnation of History » [...], p. 887).
7   *Le Devoir*, 26 avril 1915, p. 3, cité dans Jocelyne Chabot et Richard Godin, « Histoire, mémoire et médias : connaissance et reconnaissance du génocide arménien dans la presse québécoise, 1915-2005 » ; c'est moi qui souligne.

Quant au film principal, il affiche des symboles du christianisme tels que la croix dans la chambre de Raffi ainsi que des images et textes bibliques accompagnant les conférences de sa mère, Ani, sur la peinture d'Arshile Gorky. Finalement, nous voyons dans les images numériques des icônes, des églises et des monastères que Raffi doit montrer à l'agent d'immigration du gouvernement canadien pendant l'interrogatoire à la douane de l'aéroport.

5.2. La question du père, le tiers et le métissage

La question du père dans *Ararat* est présentée sous un angle problématique : pour Raffi et Célia, le père est mort ; pour Phillip, le père avec ses croyances actuelles n'est plus admis dans la maison du fils : « Dad, you either change your attitude, or you're not welcome at our place anymore ». Cette thématique du père disparu ou discrédité est mise en relief à travers les histoires de Raffi et de Célia, qui sont tous deux préoccupés tout au long du film par le spectre de leur père. Raffi s'interroge sur le legs de son père décédé dans un attentat « terroriste » et Célia se questionne sur la disparition non résolue de son père, notamment, sa mort « accidentelle ». Ce parallèle pourrait servir à établir un rapport d'affiliation entre les deux minorités canadiennes : arménienne et québécoise. La relation amoureuse entre ces deux jeunes, ainsi que leur lien de solidarité, dès le début du film, traduisent une réalité socio-historique dans laquelle il y a une compréhension et une reconnaissance mutuelles entre les deux entités culturelles, soit le Québec post-colonial et les Arméniens de la diaspora, tous deux en mal d'une figure paternelle qui serait associée au sens

---

L'usage du terme « mahométans » dans les médias québécois du début du vingtième siècle sert à souligner le conflit religieux qui constituait l'un des facteurs précurseurs de la démarche d'extermination des Arméniens de l'Empire ottoman. Cette nomination du religieux opère aussi en tant que complicité entre les Arménies et les Occidentaux, dans ce cas, le Québec hautement catholique de l'époque.

national[8]. La complicité entre Célia et Raffi reflète aussi la réalité politique dans laquelle le gouvernement du Québec reconnaît officiellement le génocide arménien[9], contrairement au gouvernement canadien qui, au moment où *Ararat* est sorti, n'avait pas encore déclaré les événements de 1915 en tant que génocide. Cette complicité est contrastée par l'affrontement entre Raffi et l'agent d'immigration du gouvernement canadien, représentant de l'autorité canadienne mais qui ne connaît pas l'histoire du génocide arménien. Dans ce sens, *Ararat* voudrait montrer l'importance de la reconnaissance de l'Autre, du tiers dans le contexte des rapports interculturels. Autrement dit, la relation entre Raffi et Célia dépeint un « métissage nécessaire[10] » afin que les histoires soient transmises et que la transmission ait lieu.

5.3. Passé, présent et représentation

La distance temporelle et spatiale qui sépare Atom Egoyan de son pays et de sa communauté d'origine (voir l'introduction ici) mériterait la représentation primaire dans *Ararat*, un film qui ne traite pas directement de l'ultime séparation du pays ancestral suite au génocide et aux déportations, mais qui traite plutôt de la médiatisation et de l'inscription de ces événements historiques, de la communication et de la représentation des conséquences et des répercussions de ces événements sur les générations post-génocidaires. Dans ce film, Egoyan traite des discours nationaux et exiliques à partir d'une position distanciée, post-nationale et

---

8 Pour des analyses sur la figure paternelle au Québec eu égard à l'identité nationale, voir l'excellent essai de François Ouellet (2002), *Passer au rang de père*. Sur les questions de paternité quant à la diaspora arménienne au Canada, voir les travaux de Lorne Shirinian ; en France, voir les travaux de Janine Altounian et d'Hélène Piralian.
9 Jocelyne Chabot et Richard Godin, « Histoire, mémoire et médias : connaissance et reconnaissance du génocide arménien dans la presse québécoise, 1915-2005 », […].
10 Janine Altounian, *L'intraduisible* […], p. 120.

post-exilique. Le film entier gravite autour du tournage et de la mise en scène d'un film, c'est-à-dire, le film-dans-le-film nommé aussi *Ararat*, et qui est en train d'être réalisé par un artiste de la deuxième génération de la diaspora arménienne, soit Edward Saroyan (rôle interprété par le chanteur et comédien français d'origine arménienne Charles Aznavour). Ces techniques de distanciation, de mise en abyme du film reflètent l'impossibilité pour Egoyan, un Arménien de la troisième génération de la diaspora, de traiter directement des questions du génocide et de la patrie d'origine. La préoccupation primaire du cinéaste est le déni du gouvernement turc qui a suivi le génocide et qui persiste encore, quatre générations plus tard.

Dès le début du long-métrage *Ararat*, nous savons que le film concerne le présent et les processus de représentation d'événements d'un passé accablant. La cruelle destruction des assises culturelles des Arméniens de l'Empire ottoman, la rupture brutale d'avec les lieux de l'origine, la séparation d'avec des êtres aimés ou encore des membres proches de la famille constituent un trauma qui se situe aux racines de l'identité arménienne diasporique. Les douloureux affects qui traduisent l'angoisse de la séparation et de la perte radicales dans une telle catastrophe seront traités dans le film principal à travers le personnage nostalgique et souffrant d'un exilé de la première génération, soit le peintre Arshile Gorky. Gorky, survivant du génocide arménien, voit sa mère mourir dans ses bras pendant les déportations de 1915 avant d'émigrer lui-même à New York en 1920, où plus tard, s'étant noyé dans la mélancolie et dans la folie, se suicide en 1948.

La distance qu'établit la mise en abyme du film entre le présent et ce passé horrible défère la gravité continue du chagrin auquel le spectateur s'attend ou auquel les critiques du film s'attendaient. Cette représentation de la représentation pourrait être responsable d'étouffer l'impact de l'émotion dont parlent certains journalistes qui n'ont pas apprécié l'approche d'Egoyan dans *Ararat*. En effet, le spectateur est constamment interrompu par le processus de la représentation, de la mise en scène du film-dans-le-film. Mais il faut avouer que quatre générations après le génocide, s'imposent la complexité et la convolution dans le processus de travailler sur l'histoire, l'historiographie et les questions politiques d'autres époques lointaines et teintées de déni. La complexité de la représentation de ces événements du génocide, couplée avec le style étourdissant du cinéaste, pourrait empêcher l'engagement dramatique direct du Sujet post-exilique avec ces émotions lointaines.

5.4. Histoire et distanciation

Dans son essai « In Other Words : Poetic Licence and the Incarnation of History », Egoyan écrit :

> [T]he real issues for me have been why 'what happened' has been so systematically ignored, and what the effects of that ignorance have been on successive generations[11].

Notons ici que, pour parler du passé et de l'Histoire, Egoyan emploie les mots « what *happened* » du consul allemand, Walter Roessler, qui écrit à Alep le 27 juillet 1915 que le gouvernement turc ne pourrait jamais « deny responsibility for all that has *happened*[12] ».

Dans ce discours politico-historique, ainsi que dans le discours filmique d'*Ararat*, Egoyan vise à objectiver les événements autour de 1915. Non seulement emploie-t-il les techniques cinématographiques de distanciation pour extérioriser l'objet de la mémoire, comme la mise en abyme, par exemple, mais aussi, il a recours au document historique d'un homme politique non arménien. Ce détail est important dans la mesure où Egoyan aurait pu se servir d'un témoignage d'un survivant arménien dans quel cas

---

[11] Atom Egoyan, « In Other Words : Poetic Licence and the Incarnation of History » […], p. 892-893.
[12] Walter Roessler, cité dans ibid. p. 892 ; c'est moi qui souligne. Il s'agit d'un document historique qui se trouve dans les archives de l'État allemand.

l'émotion aurait été directe et subjective. Pourquoi cet évitement d'un témoignage direct par un survivant arménien et la nécessité de témoins extérieurs aux événements traumatiques dans *Ararat* ?

Egoyan est conscient de la difficulté qu'éprouve le survivant à raconter l'événement traumatique. Toujours dans son article sur *Ararat*, Egoyan souligne l'impératif de la distance critique dont on a besoin pour comprendre un événement[13]. Mais comme d'habitude, le cinéaste ne nous laisse qu'avec des questionnements sur la nature du témoignage, sur la légitimité ou l'autorité impliquées dans l'acte de raconter :

> If we acknowledge that survivors might tend to exaggerate the crime, does that make them unreliable ? Can an actor, who is only playing a role, give the viewer the critical distance needed to understand an event ? Can a director ? Can a film ? Who has the authority – be it moral, spiritual, or artistic – to tell a story[14] ?

Le choix de la voix non arménienne pour le témoignage « direct » des événements du génocide confirme l'importance de la distance dans la représentation du trauma. Ce choix parle aussi de l'impossibilité pour le survivant de témoigner de son propre vécu traumatique (voir la section 6.4. « Trauma et transmission intergénérationnelle de la survivance », chapitre 6). Ainsi Egoyan nous donne à voir, vers la fin du film-dans-le-film, une représentation basée sur le récit autobiographique d'une missionnaire allemande, qui témoigne par sa fenêtre d'une scène d'horreur abominable, soit la danse des mariées brûlées vivantes par les soldats turcs un dimanche matin. Mais plus pertinent encore, en rassemblant tous ces témoins « étrangers », Egoyan réussit à faire de l'Histoire du génocide arménien une affaire internationale.

---

13 Atom Egoyan, « In Other Words : Poetic Licence and the Incarnation of History » […], p. 893.
14 *Idem.*

Finalement, l'histoire d'*Ararat* est basée, comme l'annonce le générique du film, sur le témoignage du médecin américain, Charles Douglas Ussher, sous le titre *An Amercian Physician in Turkey : A Narrative of Adventures in Peace and in War*, publié aux États-Unis en 1917. Ainsi, le film cherche à établir la distance nécessaire que l'Histoire, au sens classique du terme, pourrait nous fournir[15].

5.5. La post-mémoire

Dans son article « Surviving Images », Marianne Hirsch (2001) définit la post-mémoire comme un concept qui met en relation les enfants des survivants d'un trauma collectif avec les expériences que ces enfants reçoivent sous forme de narrations et d'images. Avec ce concept, Hirsch souligne la différence entre la mémoire expérientielle des survivants et celle de leurs enfants, cette dernière étant secondaire, médiatisée, représentée et différée[16]. Il s'agit d'une mémoire déplacée, qui se base sur la représentation et l'imaginaire, car elle émane souvent du silence et de l'invisible. En ce sens, la post-mémoire se relie plutôt au présent, car elle constitue une réaction (« *a response* ») au trauma vécu par une génération précédente[17]. Nous pouvons mieux cerner cette « présence » (et pourquoi pas *présance* ?) ou l'absence du passé dans la construction de la post-mémoire en citant l'interprétation de Régine Robin au sujet des analyses de Hirsch : « ... différents modes de présence d'un passé qui n'arrive pas à se convertir en passé[18] »

La post-mémoire constitue un élément crucial de l'imaginaire des descendants des survivants et crée une relation strictement médiatisée à l'histoire[19]. Egoyan, qui est un membre de la

---

15 Henry Rousso, *La hantise du passé* […].
16 Marianne Hirsch, « Surviving Images » […], p. 9.
17 *Ibid.*, p. 8-9.
18 Régine Robin, *Berlin chantiers: essai sur les passés fragiles* […], p. 323.
19 Marianne Hirsch, « Surviving Images » […], p. 12.

troisième génération post-génocidaire, essaie justement de faire passer le passé par les diverses stratégies et techniques de distanciation. Il s'y distancie aussi en insistant sur la figure du tiers, soit la création du personnage de l'agent d'immigration du gouvernement canadien chez qui le passé est déposé.

5.6. Déplacements et dissociations

En ce qui concerne le matériel mémoriel d'Egoyan, il s'agit d'une dissociation continue et qui connaît plusieurs antécédents de séparation et de brisure sur plusieurs générations. L'on pourrait parler d'une dissociation profonde qui repose sur une tradition de rupture et de coupure collective ainsi qu'individuelle. L'histoire de la diaspora arménienne dévoile un cas de dissociation répétée et constitutive. La première dissociation fut celle de la séparation des ancêtres – survivants, déportés, disparus, ou morts – dans l'Empire ottoman, celle de l'arrachement et du déracinement radical de leurs maisons et de la séparation définitive par la mort des membres de leur famille, pendant les massacres et les déportations, tel le fils du photographe et telle la mère de Gorky qui meurt de faim pendant les déportations mises en scène dans le film-dans-le-film *Ararat*. La deuxième dissociation fut suscitée par le déplacement des exilés de leurs lieux de transition – camps de réfugiés, orphelinats, lieux de passage, notamment au Moyen-Orient[20]. Cette population spoliée s'est installée par la suite en grande majorité au Moyen-Orient et en Europe. La troisième dissociation fut celle de l'émigration et d'autres vagues de migration de ces exilés et de leurs descendants. La grande majorité de cette vague de migrants est partie pour l'Amérique ou pour l'Europe, comme la famille d'Egoyan qui a quitté l'Égypte pour le Canada dans les années 1960, plus précisément, pour Montréal[21].

---

20 Presque tous les déportés sont passés en premier par la Syrie.
21 La famille d'Egoyan s'est déplacée très tôt en Colombie britannique.

Egoyan crée dans *Ararat*, comme dans tous ces films d'ailleurs, une esthétique de la distance et de la dissociation inhérente à la post-mémoire et au post-exil en employant les techniques cinématographiques de la distanciation : ici, deux mises en abyme. Dans *Ararat*, nous voyons l'Arménie occidentale de 1915, où plusieurs massacres, génocide et déportations ont eu lieu entre la fin du dix-neuvième siècle et les débuts du vingtième siècle, à travers deux ensembles de représentation. Premièrement, à travers le film d'Edward Saroyan, un Arménien de la deuxième génération de la diaspora, c'est-à-dire, le film-dans-le-film dont le titre est aussi *Ararat*. Le deuxième ensemble de représentation dans ce film se fait à travers la bande des images digitales enregistrée en Turquie par Raffi, un diasporique de la quatrième génération. Dans ce qui suit, j'entame une élaboration de la fonction de ces deux mises en abyme filmiques eu égard à la représentation de l'Histoire.

3. Tournage du film-dans-le-film dans *Ararat*.
Auteure : Lousnak © : Lousnak

5.7. Première mise en abyme : Mémoire survivante des lieux

Pour Edward Saroyan – réalisateur du film-dans-le-film – , le souvenir de l'Arménie vient de ce que sa mère lui a raconté. Il s'agit en effet d'une post-mémoire, c'est-à-dire, une mémoire médiatisée, extériorisée et dissociée du Sujet qui l'a vécue. Cet artiste de la deuxième génération de la diaspora a une conscience aiguë de l'impossibilité de retour à un territoire ravagé et perdu. Pour lui, la représentation du pays d'origine, ce pays « où on ne peut que mourir[22] », est une affaire d'une construction imaginée.

Le choix par Egoyan du nom du réalisateur du film-dans-le-film, soit Saroyan, sûrement d'après le nom du dramaturge et romancier américain d'origine arménienne William Saroyan, pourrait être considéré comme une reproduction visant à établir une généalogie d'artistes de la diaspora arménienne. Certes, c'est le legs de la création artistique *diasporique* de William Saroyan qui devrait être souligné ici, aux fins du film *Ararat*, notamment pour analyser le déplacement des symboles de l'identité arménienne dans le film. Parmi les écrits les plus célèbres de William Saroyan, deux vers ne cessent d'être évoqués par les artistes de la diaspora arménienne et de hanter leur imaginaire. Il s'agit des deux vers qui bouclent son poème intitulé *Armenia*. Après quelques lignes qui lamentent la destruction et la dispersion des Arméniens qui ont subi le génocide, c'est l'Arménie imaginaire qui habitera l'esprit des survivants :

> For, when two of them meet anywhere in the world,
>
> see if they will not *create a New Armenia*[23].

En effet, c'est une Arménie imaginée que le réalisateur du film-dans-le-film, Edward Saroyan, représente en déplaçant le Mont Ararat et l'installant dans la région de Van. Ce déplacement du symbole arménien hautement représentatif de l'Arménie

---

22 Janine Altounian, *La survivance* […], p. 82.
23 Voir l'annexe, p. 225 ici ; c'est moi qui souligne.

et de l'identité arménienne en diaspora est un acte d'une importance capitale et illustre la transcendance des frontières géographiques en diaspora. Dans une scène dans ce film-dans-le-film, nous voyons une peinture murale du Mont Ararat installée pour le tournage dans ce qui est supposé être la ville de Van. Ani, l'historienne de l'art se doit de commenter :

- You wouldn't be able to see Mount Ararat from Van.

Saroyan lui repond :

- Well yes ! But I thought it would be important.

Et Saroyan insiste sur la préservation de ce déplacement. Même si Ani le rappelle que l'existence de cette montagne dans ce lieu n'est pas vraie («It's not true !»), Saroyan maintient : « It's true in spirit ».

En déplaçant le Mont Ararat à travers la représentation de Saroyan, Egoyan transgresse la mémoire géographique nationale des lieux de l'origine et déconstruit le mythe exilique de l'authenticité tel qu'exprimé par les cinéastes de l'exil. Alors qu'une montagne chez ces derniers pourrait exprimer la nostalgie et évoquer la mémoire authentique d'un lieu quitté, ainsi que le désir de retour à ce lieu[24], dans ce film, le Mont Ararat devient un signifiant mobile qu'on peut installer et réinstaller dans différents lieux selon le contexte, selon la demande poétique sans aucune indication ou allusion de retour à un lieu géographique authentique. Car, comme déjà mentionné, au niveau de la catastrophe de 1915, il s'agit absolument d'une « dispersion sans retour[25] ». En déplaçant cet ancien symbole de la nation arménienne, Egoyan abandonne le sol stable de la patrie et entre dans un terrain de constructions mémorielles inédites et fluides. Il s'agit d'une mémoire déterritorialisée qui se transmet à travers la représentation artistique.

---

24 Hamid Naficy, *An Accented Cinema* […], p. 160.
25 Marc Nichanian, « Avons-nous vraiment perdu la langue à l'étranger ? » […], p. 164.

Il s'en suit, donc, que malgré le fait que le mot « spirit » à la fin de la réponse de Saroyan résonne avec le discours nationaliste du documentaire de Bogosian (voir page 31 de l'introduction), la présentation qu'effectue Egoyan des multiples narrations individuelles tout au long de son film nous en dit long sur l'intention qu'a le cinéaste de s'écarter des discours unifiants et homogénéisants sur l'identité, sur l'appartenance et sur la transmission de la mémoire. Si, comme le dit Martine Hovanessian, l'écriture du génocide est « un texte à plusieurs voix[26] », il en est du même pour les récits mémoriels dans *Ararat*. Pour rendre compte du passé collectif qui hante ses personnages, Egoyan ne se limite pas à l'Histoire. Dans ce film, les histoires et mémoires individuelles viennent remplir le silence qu'impose l'Histoire, et souvent pour soupçonner celle-ci.

5.8. Le Mont Ararat, Ani ou les symboles de déplacements

Si en nommant son film *Ararat*, Egoyan a choisi le Mont Ararat pour représenter l'identité arménienne de la diaspora, c'est avant tout dans les termes du déplacement et de l'absence que ce symbole se présente dans le film. Paradoxalement, ce symbole, au niveau des discours identitaires de la diaspora arménienne, est associé avec l'origine, avec les racines et ainsi avec la continuité et la ténacité du mythe identitaire fondateur arménien malgré des siècles de dispersion :

> The roots of the Armenian nation were thus established around Mount Ararat [...]. It makes Mount Ararat the national symbol of all Armenians, and the territory around it the Armenian homeland from time immemorial[27].

---

26 Martine Hovanessian, « L'écriture du génocide des Arméniens : un texte à plusieurs voix » […], p. 63.
27 Razmik Panossian, *The Armenians* […], p. 51-52.

Mais la dimension universelle que le Mont Ararat évoque est probablement, pour Egoyan, aussi importante que les sens collectif et diasporique. Car le Mont Ararat, symbole national des Arméniens, lie symboliquement les Arméniens à l'humanité à travers le texte biblique puisque selon le mythe fondateur de la nation arménienne, les Arméniens indigènes étaient les descendants directs de Noah[28] et vivaient dans la région d'Ararat – territoire où a atterri l'Arche de Noah[29].

Dans le film d'Egoyan, les personnages le répètent fréquemment : le Mont Ararat, comme d'ailleurs une bonne partie du territoire arménien historique, que nous voyons dans les images digitales de Raffi, par exemple, se trouve aujourd'hui en Turquie. Un autre espace territorial symbolisant la perte mais aussi la destruction est celui représenté par le choix du nom de l'historienne de l'art dans le film principal, soit le nom « Ani ». Ce choix pourrait aussi suggérer la substitution des espaces territoriaux et culturels par le personnage d'un membre de la diaspora, qui incarne non pas la continuité culturelle au sens plein du mot, mais la recherche et la reconstruction de cette culture survivante puisqu'elle est discontinue par la dépossession et l'éloignement historiques. Ani, la capitale de l'Arménie historique autour de l'an 961 A.D., associée fortement aussi à la religion chrétienne (« *the city of 1001 churches* », était un centre important pour les arts et les études[30]). Aujourd'hui, et depuis le milieu du deuxième millénaire de notre ère, la ville est déserte. Les images digitales de Raffi, ainsi que son discours témoignent de cette perte mais aussi de l'impact de l'histoire de ce centre artistique et intellectuel sur la culture survivante diasporique et son influence sur la construction de l'imaginaire des Arméniens de la diaspora : « By the seventeenth century it was completely abandoned, and remains so to this day. But Ani,

---

28 Prénom du personnage qui évoque l'universel dans le long-métrage *The Adjuster*.
29 Razmik Panossian, *The Armenians* […], p. 51.
30 Razmik Panossian, *The Armenians* […], p. 60.

in its splendour, never left Armenian popular imagination[31] ». Le choix d'Egoyan du nom « Ani » nous suggère que le symbole d'Ani occupe une place importante au niveau de la pensée contemporaine en diaspora ; et ce, non seulement par son histoire de « magnificent metropolis[32] », mais surtout par sa perte irrévocable. Ainsi, Ani ne pourrait jamais être filmé directement dans le film principal, mais son nom, déplacé sur le personnage de l'historienne de l'art, fera état de sa symbolisation au niveau de la culture diasporique.

5.9. Deuxième mise en abyme : au-delà de la post-mémoire

La deuxième représentation de l'Arménie occidentale dans *Ararat* est dépeinte à travers les images digitales que l'agent d'immigration canadienne visionne pendant son entrevue élaborée avec Raffi à la douane de l'aéroport. Les images ont été prises en Turquie dans les régions touchées par le génocide de 1915 dans le but de les intégrer comme preuve dans le film de Saroyan. Dans ce deuxième film-dans-le-film qui n'a jamais pu être intégré dans le film de Saroyan, Egoyan donne à voir et à sentir l'absolu lointain de ces lieux qui avaient été, il était une fois dans l'histoire, « *homeland* ».

À travers cette impossibilité d'intégrer le matériel enregistré en Arménie/Turquie, Egoyan maintient, reproduit mais aussi prolonge la thèse de la dissociation de la mémoire ainsi que de l'origine arméniennes. D'une part, il y a absence de la mémoire du génocide pour le jeune Raffi : « the loss of any way to remember it » (voir le récit de Raffi plus bas). D'autre part, Raffi est complètement dissocié de l'Arménie ancestrale et n'a aucune relation mise à part celle d'un étranger avec les lieux de son origine. Du fait, la posture de Raffi envers le paysage arménien rappelle

---

31 *Idem.*
32 *Idem.*

celui du photographe de *Calendar*, que j'ai analysé dans le chapitre précédent.

Le sens de rupture et de brisure est donc transmis métaphoriquement non seulement à travers les stratégies de distanciation et de médiation utilisées dans ce contexte, mais aussi par le moyen du récit de Raffi qui accompagne ces images. Il s'agit d'une rupture si ancrée dans la conscience du jeune homme que celui-ci n'a pas d'accès aux émotions associées à cette coupure. La dissociation est achevée. Raffi ne sait quelle émotion éprouver devant ces réalités et événements d'il y a presque quatre-vingt-dix ans. Et pourtant, il est là, physiquement, réellement. La distance qui le sépare de ses origines est trop grande. Ici, l'approche d'Egoyan dans la représentation du territoire historique est celle qui émane d'une pensée et d'une conscience différées et critiques. Son jeune personnage, Raffi, doit tout interroger : que doit-il sentir ? Que doit-il croire ? Où est la vérité ? Où est la preuve ? Nous l'écoutons poser toutes ces questions à sa mère, car c'est à elle qu'il s'adresse dans la bande sonore accompagnant les images :

> What am I supposed to feel when I look at these ruins ? Do I believe that they're ravaged by time, or do I believe they've been willfully destroyed ? Is this proof of what happened ? Am I supposed to feel anger ? Can I ever feel the anger that Dad must have felt when...
>
> [...]
>
> When I see these places, I realize how much we've lost. Not just the land and the lives, but *the loss of any way to remember it*. There is nothing here to prove that anything ever happened.

En intégrant consciemment la perte, les ruines et la destruction dans la construction de sa mémoire, Raffi annonce l'absence d'une patrie réelle dans la représentation de son identité post-exilique. Pour Raffi, comme pour le photographe dans *Calendar*, l'identification procède d'une référence étrange à une origine devenue étrangère, à un ailleurs dont les lieux lui sont inconnus, voire inaccessibles. En fin de compte, il s'agit d'une conscience post-diasporique, où l'identité individuelle ne peut plus se définir par rapport à un lien avec un territoire d'origine.

Egoyan maintient la thèse de la rupture et de la dissociation qu'il exposait dans ses premiers films (chapitre 1) : le sens de l'aliénation persiste chez le personnage de Raffi malgré ses efforts de re-connecter avec l'origine. Il s'agit d' « affections aliénées », pour reprendre le syntagme dans le titre d'un des articles de José Arroyo[33]. Comme il le spécifie lors de son entrevue avec *Cinema Canada*, Egoyan travaille avec l'impératif de souligner le thème d'un « passé perdu[34] ». Ce thème est si important dans la construction de l'identité diasporique pour Egoyan que le père WASP dans *Family Viewing* (qui est en opposition radicale avec le père arménien dans *Next of Kin* ; chapitres 2 et 3 ici) ne peut s'exciter érotiquement que lorsqu'il efface concrètement le passé enregistré sur les bandes vidéo[35].

Ce que Raffi intègre ce n'est pas une vérité ou une représentation d'un lieu ancestral qui existent physiquement en Turquie. En fait, Raffi intègre une conscience de la perte radicale. Dans ce deuxième film-dans-le-film, Raffi raconte à sa mère l'absence totale d'une connexion réelle à ces lieux désertés. Pour lui, malgré le fait qu'il se trouve physiquement sur ces terres ancestrales – en « Arménie historique » – , il s'agit d'un monde rêvé, qu'il construit dans son imagination grâce aux histoires et aux mythes qu'il a entendus oralement, abstraitement :

> I'm here, Mom. Ani. *In a dream-world, the three of us would be here together. Dad, you and me.*

---

[33] José Arroyo, « The Alienated Affections of Atom Egoyan, Interview with José Arroyo » […].
[34] Atom Egoyan, « The Alienated Affections of Atom Egoyan, Interview with José Arroyo » […], p. 19.
[35] *Idem*.

> I remember all the stories I used to hear about this place, the glorious capital of our kingdom. Ancient history. Like the story that Dad was a freedom fighter, fighting for... the return of this, I guess.

Mais la seule possibilité de connexion imaginaire pour Raffi serait réalisable sur le plan des retrouvailles familiales : « *In a dream-world, the three of us would be here together. Dad, you and me* ». Le jeune Raffi rêve de se retrouver dans ce lieu imaginé avec sa mère et son père disparu. Encore une fois, comme les personnages dans les films étudiés précédemment, Raffi désire la communion avec des membres de famille perdus ou absents. En fin de compte, le récit dans le film de Raffi au sujet du territoire fait allusion au discours post-national et post-exilique comme dans *Calendar*. Il y a re-médiation et reprise de la thèse de dissociation et d'aliénation du Même qui domine tout au long de l'œuvre égoyanesque.

Chapitre VI

Réclamer l'Histoire : Culture survivante, transmission et réparation dans *Ararat*

[D]étruire les traces, les inscriptions culturelles d'un groupe humain, ses assises terrestres, fait partie intégrante de ce qui anime tout projet génocidaire, qui est de détruire non seulement les vivants mais avec eux leur passé[1].

6.1. La Culture survivante et l'effacement de la mémoire

[A]ll of these characters are involved in a process of cultural transmission[2].

Pour les personnages d'Egoyan, dire le « génocide » nécessite la représentation des traces et des symboles de l'arménité. Raconter et représenter le génocide ne peut se faire sans la mise en scène de la culture et de l'histoire arméniennes, la symbolisation et la reproduction à tout prix de celle-ci, sous sa forme survivante car

---
1   Hélène Piralian, *Génocide et transmission* […], p. 59.
2   Atom Egoyan, « In Other Words : Poetic Licence and the Incarnation of History » […], p. 896.

menacée. Il s'agit, en fait, d'une transmission discontinue mais reprise et réinventée par les générations post-génocidaires dans différents pays. Cette culture dissociée de ses fondations matérielles et de ses inscriptions territoriales trouve comme racine, dans *Ararat*, une simple représentation picturale. Il s'agit du tableau – condensé de sens –, *L'artiste et sa mère* d'Arshile Gorky, qui prend une valeur historique primordiale. Voilà ce que l'historienne de l'art, Ani, dit à propos de cette peinture basée sur une photographie prise vers 1912 : « That painting is the repository of our history ; it is a sacred code that explains who we are and how and why we got here[3] ». Donnée familiale en premier lieu (mère et fils sans père) et issue du contexte du trauma collectif du génocide, le tableau de Gorky devient une donnée nationale et historique, et sur un autre niveau, ontologique : dans tous les films d'Egoyan, la présence de l'absence est généralisée et associée étroitement à la condition postmoderne propre à ses personnages contemporains. Comme nous avons vu dans les deux chapitres 2 et 3 plus haut, cette coupure d'avec le passé est mise en relief dans ses deux premiers longs-métrages dans lesquels les personnages sont privés de mémoire historique. Il s'agit d'une mémoire « exclue de l'identité historique du sujet[4] », car elle se rapporte à une vie « différée, [...] dissociée de son sens[5] ». Premièrement, dans *Next of Kin* (1984), la famille immigrée commence une nouvelle vie avec une histoire de séparation de leur fils donné à l'adoption pour faciliter leur immigration. Ce que nous savons de l'histoire de cette famille avant leur arrivée au Canada est presque insignifiant et ne représente que leur dernier lieu de passage, alors qu'il s'agit d'une famille migrante dont la dispersion commence il y a presque un siècle et s'étale sur plusieurs continents.

---

3   Peu après la prise de cette célèbre photographie, la mère de Gorky périt dans ses bras pendant les déportations. Pour plus, voir la biographie d'Arshile Gorky par Nouritza Matossian (1998), *Black Angel* [...].
4   Janine Altounian, « *Ouvrez-moi seulement les chemins d'Arménie* » [...], p. 84.
5   *Ibid.*, p. 176.

Pareillement, dans *Family Viewing* (1987), alors que des vidéos nous montrent le passé familial à travers les scènes d'enfance du jeune protagoniste Van, aucune mention d'un passé historique n'y figure. Qui plus est, même cette mémoire familiale enregistrée est sujette à disparition, car le père est obsédé par la technologie, et pour filmer ses relations sexuelles sado-masochistes avec sa nouvelle femme canadienne, il utilise les cassettes vidéo où nous voyons sa première femme, elle, arménienne. Parallèlement, la mémoire du passé historique s'avère aussi instable dans ce film. Dans une scène où le jeune Van fait ses devoirs en étudiant son livre d'histoire, sa mère-substitut qui lui demande s'il avait besoin d'aide, ne se rappelle pas des histoires que son père lui avait racontées au sujet de la Deuxième Guerre mondiale. Il y a donc une abolition du passé historique en parallèle avec la désinscription du passé familial.

Nous pouvons relier ces effacements à celui perpétré par le génocide et perpétué par son déni, suite logique, selon la philosophe et psychanalyste Hélène Piralian, au projet génocidaire. Pendant les vingt premières années de sa carrière de cinéaste, Egoyan préparait son spectateur de manière rituelle à la narration de cette Histoire, de ces histoires jusque lors passées sous silence[6]. Pour lui, la mémoire du trauma familial se trouve dans l'Histoire collective refoulée. Alors que le sujet post-exilique n'avait pas accès aux émotions « secrètes »[7] » dans les trois longs-métrages analysés plus haut, dans *Ararat*, il y a presque un débordement de celles-ci : colère, haine, terreur, et frustration – celles qui poussent le peintre Gorky à effacer les mains de sa mère sur son célèbre tableau, car le contact s'avère impossible.

---

6 Pour plus sur ces thèmes, voir Lisa Siraganian (1997).
7 J. Altounian, « *Ouvrez-moi seulement les chemins d'Arménie* » [...], p. 83.

6.2. Culture survivante et langue maternelle : l'intime et le public

Au niveau de la langue, la psychanalyse distingue entre langue maternelle et langue paternelle. La langue maternelle est la langue des « échanges affectifs », la langue érotisée de la communication entre la mère et son nourrisson. La langue paternelle est celle des « échanges sociaux », la langue de la « nouvelle loi » que l'enfant apprend au niveau scolaire[8]. Chez les populations migrantes, le sujet subit une dissociation significative au niveau du langage. Pour l'immigrant et ses descendants, la langue maternelle représente le cadre culturel interne et est réservée à un usage limité. Tandis que la langue paternelle est la nouvelle langue que l'enfant de l'immigrant apprend dans le nouveau pays et que ses parents, souvent, ignorent[9]. Dans *Ararat*, ces deux types d'échange – intime et social – sont représentés par l'emploi de langues différentes. L'univers intime – affectif et culturel – de la famille arménienne est représenté par l'emploi de la langue arménienne. Par exemple, lorsque la mère, Ani, et son fils, Raffi, se parlent au sujet de la relation amoureuse entre lui et Célia, ils se parlent en arménien pour la première fois. La deuxième fois que nous entendons la mère parler en arménien à son fils au téléphone, c'est dans le contexte d'un « secret », moment auquel la mère est supposée cacher quelque chose à l'agent d'immigration du gouvernement canadien qui est en train d'interviewer Raffi : « Devrais-je mentir ? », demande-t-elle à son fils en arménien. Ici, la complicité de la mère avec son fils contre l'autorité canadienne, contre la loi du pays d'accueil passe par la langue maternelle du Sujet minoritaire.

---

8   Vahan Yeghicheyan, « Des problèmes de filiation après le vécu collectif d'un génocide (à propos de la minorité arménienne en diaspora) » […], p. 982.
9   Pour des analyses élaborées sur le rapport à la langue maternelle de la deuxième génération de la diaspora, voir le chapitre « Faute de parler ma langue » dans « *Ouvrez-moi seulement les chemins d'Arménie* ». *Un génocide aux déserts de l'inconscient* de Janine Altounian (1990).

La mère, pour protéger son fils des accusations de l'agent d'immigration du pays d'accueil, a recours à un autre code linguistique que celui du Canada anglais. La dissociation est claire : les deux langues, l'arménien et l'anglais (ou le français et l'anglais pour l'histoire de Célia) ont des fonctions distinctes : l'une intérieure, presque clandestine, l'autre extérieure, dominante.

Cette dissociation entre le cadre culturel interne et externe est maintenue et renforcée par l'emploi métaphorique d'une autre dissociation identitaire représentée par le choix de Célia – qui parle anglais avec un accent québécois – comme l'amoureuse de Raffi. Le pays d'accueil est le Canada, puisque dès le début, nous sommes à la douane avec Charles Aznavour interrogé par un agent d'immigration canadien à l'aéroport international de Toronto où nous entendons les annonces en deux langues : l'anglais et le français. Il s'agit là de la dissociation fondatrice au niveau de ce pays, le Canada où « les deux solitudes » se sont depuis longtemps multipliées. L'accent d'Ani en français, parisien ou standard, représente les autres solitudes qui peuplent le Canada et le Québec actuels.

Le lien amoureux entre Raffi et Célia, ainsi que leur quête solidaire du spectre de leur père respectif, représente une autre appartenance pour Raffi. Non seulement Raffi est-il intégré dans la culture anglophone du Canada, mais sa relation amoureuse avec Célia fait appel à cette autre identité canadienne, c'est-à-dire, québécoise. Ici, encore une fois, la différence culturelle est représentée par l'emploi de la langue française dans un contexte intime, chargé d'affect. Ce n'est que dans leur demeure privée que Célia parle à Raffi dans sa langue maternelle à elle, le français québécois. Le fait que Raffi la comprenne et la défende dans sa revendication de « l'histoire » de son père relève d'une identification mutuelle entre les deux personnages à leur histoire nationale. Les deux jeunes ont un problème commun : l'absence de leur père et leur affectation par cette absence. Qui plus est, Célia semble connaître l'histoire collective de Raffi. C'est elle qui expliquera à

Phillip, le gardien de la galerie d'art à Toronto au sujet du tableau de Gorky – tableau qualifié de « miroir de l'histoire » par l'historienne de l'art Nouritza Matossian –, le trauma de l'artiste qui le pousse à se suicider :

> When you look at this painting, can you understand? [...] That he would kill himself.
>
> His home was lost, his land destroyed, his people murdered. This painting shows us pain. So much pain he couldn't stand it.

Quant à Ani, elle s'adresse à Célia en français lors des moments chargés émotivement. Dans la scène où Ani donne une conférence sur le peintre Arshile Gorky en anglais, Célia pose des questions à la conférencière en anglais. Même si Ani répond à Célia en anglais dans la galerie, une fois que les deux femmes se retirent derrière les rideaux – à l'abri du public – pour se parler du père disparu de Célia, c'est en français qu'Ani s'adresse à Célia : « Quel est ton putain de problème ? » dit-elle, essayant d'aller dans les profondeurs des émotions de celle-là.

Encore une fois, l'univers intime et familial est habité par la langue maternelle, cette fois-ci le québécois de Célia. Cet univers interne symbolisé par la langue française se démarque par une division linguistique du monde externe public, la galerie d'art où l'on parle l'anglais.

6.3. Les héritiers de la survivance

Dans son essai *La survivance : traduire le trauma collectif*, Janine Altounian (2000) définit la survivance comme

> la stratégie inconsciente que les survivants d'une catastrophe collective et leurs descendants mettent réciproquement en place, pour reconstruire sur pilotis les bases

précaires d'une vie possible parmi les normalement vivants du monde où ils ont échoué[10].

Ce qui retient notre attention dans cette citation concerne la dimension intergénérationnelle de la survivance car le trauma collectif du génocide, un meurtre qui a pour but de détruire « le lien généalogique des survivants[11] » exerce un impact non seulement sur les survivants, mais aussi, et de façon inhérente et constitutive, sur leurs descendants. Selon les théories freudiennes du trauma, l'expérience traumatique dépasse la conscience individuelle et présuppose un trauma générationnel, voire historique. En d'autres mots, la transmission de la survie ne peut être contenue que dans une histoire plus large que celle de l'individu, plus large aussi que celle d'une seule génération :

> This notion of trauma also acknowledges that perhaps it is not possible for the witnessing of the trauma to occur within the individual at all, that it may only be in future generations that « cure » or at least witnessing can take place[12].

Dans le contexte de la diaspora arménienne, presque cent ans après le génocide, le témoignage et la transmission du trauma constituent un fond sur lequel se reconstruisent de nouvelles vies, de nouveaux récits. Comme si le témoignage n'avait pas de fin, comme le génocide de 1915 lui-même qui est accompagné de déni. Suite aux massacres et aux déportations, la dispersion des survivants et leur assimilation, d'abord forcées par le gouvernement turc et ensuite par les conditions de l'exil, constituent des phénomènes qui perpétuent la catastrophe. Les spécialistes de la diaspora arménienne parlent d'un « génocide blanc » pour désigner le processus continu de l'assimilation forcée des descendants des survivants, en commençant par la turcification des orphelins et

---

10 Janine Altounian, *La survivance* [...], p. 1.
11 Hélène Piralian, *Génocide et transmission* [...], p. 52.
12 Cathy Caruth, *Unclaimed Experience* [...], p. 136.

des survivants restés sous le pouvoir turc[13]. Ainsi, l'assimilation à une autre culture chez les descendants des survivants du génocide arménien évoque le meurtre collectif, la scène traumatique originaire de la diaspora arménienne. L'angoisse de l'anéantissement et du morcellement se voit réactivée, répétée lors d'une situation de perte ou d'absence, comme si chaque déplacement, chaque exil évoquait le trauma collectif du génocide et des déportations.

6.4. Trauma et transmission intergénérationnelle de la survivance

Dès ses débuts, l'œuvre d'Atom Egoyan est associée avec l'expérience du trauma ou plus précisément avec la représentation différée d'un vécu catastrophique. Les réalités du manque et de l'absence qui hantent les films d'Egoyan, ainsi que le silence et le non-dit signifient l'effacement au niveau de la mémoire et du passé. Il s'agit de réalités propres à l'expérience extrême de la perte, une épreuve limite implicitement présente et dont l'événement n'est jamais explicité[14].

Le trauma collectif du génocide se traduit tout d'abord en une double crise. Il s'agit d'une part de l'insoutenable expérience de s'être rapproché de trop près de la Mort ; et d'autre part, de l'incompréhensible réalité d'avoir survécu à la Mort. Ainsi, la survivance, en plus de sa relation intime avec la Mort, concerne le fait d'avoir vécu *malgré tout*. Selon Cathy Caruth qui se base sur les travaux de Freud, le véritable trauma consiste en un éveil de la conscience du survivant à cette réalité d'avoir survécu, ou d'avoir la possibilité de vivre[15]. Ainsi pouvons-nous comprendre le « normalement » dans la citation de Janine Altounian mentionnée ci-dessus ; car pour le survivant, la vie ne va pas de soi.

---

13 Rita Soulahian-Kuyumjian, *Archaeology of Madness* […].
14 Lisa Siraganian, « 'Is This My Mother's Grave ?' : Genocide and Diaspora in Atom Egoyan's Family Viewing » […].
15 Cathy Caruth, *Unclaimed Experience* [...], p. 136.

Vivre, après le trauma, c'est avant tout réclamer sa propre survie et « convaincre les autres de [son] existence[16] ».

Caruth renvoie au second plan l'événement traumatique lui-même. Elle souligne, d'après sa lecture profonde des analyses de Freud au sujet de la névrose traumatique[17] que ce n'est pas l'événement ou l'accident lui-même qui instaure le trauma, mais plutôt le risque de mourir[18]. D'autre part, l'événement traumatique n'est pas vécu de manière directe et immédiate. Pour Freud, la peur causée par le choc, par le manque de préparation à l'horreur empêche l'individu d'assimiler cet événement-là consciemment. Ainsi, ce qui est en question au niveau de la survivance, c'est la prise de conscience tardive d'une réalité jusqu'alors omise et restée en suspens. Pour Cathy Caruth, cette différence de la saisie du sens à cause de l'impossibilité d'une compréhension immédiate de l'événement traumatique permet l'émergence d'une histoire[19]. Par ailleurs, le psychanalyste Serge Tisseron maintient que l'intégration psychique des traces d'événements non symbolisés dans une génération peut avoir lieu chez les membres des générations suivantes[20]. La survivance intergénérationnelle se rapporte alors à la revendication perpétuelle d'une expérience manquée et dont la formulation concerne non seulement le survivant mais ses descendants. Cette prise de conscience tardive de l'expérience suggère, selon Caruth, que la transmission de l'indicible est doublée inéluctablement de la transmission de la conscience de la survie[21]. Ainsi, la complexité paradoxale de l'événement de la survie impliquerait naturellement une mémoire intergénérationnelle et historique. Dans *Ararat*, c'est justement l'approche qu'entreprend

---

16 Janine Altounian, « *Ouvrez-moi seulement les chemins d'Arménie* » [...], p. 23.
17 Il s'agit des analyses de Freud sur la névrose traumatique (causée par les accidents ou par la violence de la guerre) exposée dans *Au-delà du principe de plaisir* (1920), cité dans Cathy Caruth, *Unclaimed Experience* [...], p. 60.
18 Cathy Caruth, *Unclaimed Experience* [...], p. 60.
19 *Ibid.*, p. 11-13.
20 Serge Tisseron, *Le psychisme à l'épreuve des générations* [...], p. 137.
21 Cathy Caruth, *Unclaimed Experience* [...], p. 71.

Egoyan pour transmettre la mémoire du trauma collectif définissant ses origines arméniennes.

Le génocide vécu par les Arméniens au début du vingtième siècle engendre une condition traumatique qui reflète la lourde imposition inéluctable des événements historiques et les réalités socio-politiques sur le psychisme à travers les générations. Accompagnés par le déni dès ses débuts, le témoignage et le deuil de ce génocide en seront aussi suspendus. La survivance concerne ici des générations issues d'une population déracinée, morcelée et forcée à quitter pour toujours ses terres ancestrales – l'Arménie occidentale, comme nous donnent à voir la scène des déportations et la marche dans le désert où périt la mère de Gorky. Les descendants de ces survivants ont alors leurs racines, avant tout, dans la mémoire et l'angoisse de l'anéantissement et du morcellement. Il s'agit enfin des héritiers d'une culture discontinue à qui l'on a transmis « les incertitudes et les illusions d'un projet si difficile et si étrange[22] » – celui de (sur)vivre – que l'on pourrait qualifier d'un défi qui semble irréalisable et auquel les successeurs doivent faire face, mais aussi maintenir.

6.5. Raconter l'Histoire

> This is a huge theme for me, how to remember history.... how we need to keep history alive[23].
>
> From the beginning, my goal was to make a film that would tell a *part* of who I was[24].

Cette deuxième citation d'Egoyan nous confirme que le film *Ararat* donne à voir des représentations de l'identité ou des réalités

---

22 Janine Altounian, *La survivance* [...], p. 2.
23 Atom Egoyan, cité dans Jonathan Romney, *Atom Egoyan. World Director Series* [...], p. 192.
24 Atom Egoyan, « Director draws on family ties to tragedy » [...], p. A1, c'est moi qui souligne.

historiques qui constituent une « partie » de l'identité diasporique. Condition dictée par la multiplicité des appartenances, des affinités et des affiliations non seulement du Sujet diasporique arménien, mais aussi du Sujet canadien interculturel en général. Par exemple, même si le jeune Raffi est lié par son ascendance à des parents arméniens, parle et lit la langue arménienne, son affiliation avec sa demi-sœur Célia, la Québécoise, ainsi que son appartenance officielle au Canada par sa citoyenneté et son parler anglais canadien impeccable (contrairement à sa mère qui parle l'anglais avec un accent arménien) le marquent comme un sujet aux multiples appartenances.

6.5.1. L'intégration de la part (de l'histoire) arménienne

Si Sandra, la mère-substitut dans *Family Viewing* (1987) refuse d'accepter le passé (incarné par la grand-mère arménienne) de Van, c'est-à-dire de la part arménienne de l'identité de son fils-substitut en lui déclarant « It's part of your life I have nothing to do with », c'est qu'il y a aussi une part de la vie de Van qui l'intéresse de façon plus substantielle et cette part-là est la part WASP qu'Egoyan présente comme cruciale dans la constitution de son identité canadienne interculturelle : « The WASP young man is the blank canvas in my films. That's the character that for me is easiest to paint, who I can also feel very close to[25] ». Et si les deux composantes de l'identité de ce jeune homme moitié WASP et moitié arménien qui refusaient de se rapprocher dans les films précédents s'étaient intégrées ou réconciliées dans *Ararat* ? En effet, ici, Raffi le Canadien d'origine arménienne peut parler l'arménien. Contrairement aux autres jeunes personnages WASP comme Peter de *Next of Kin*, Van de *Family Viewing* et le photographe de *Calendar*, qui tous ne parlent pas cette langue ancestrale, Raffi peut même lire sa langue maternelle comme

---

25 Atom Egoyan, « The Alienated Affections of Atom Egoyan, Interview with José Arroyo » […], p. 18.

nous voyons dans la scène d'ouverture où il lit un célèbre poème du dix-neuvième siècle intitulé *Le cœur de la mère*. Qui plus est, Raffi, contrairement à ces personnages coupés de leur histoire raconte publiquement l'histoire du peuple arménien, histoire qui avait été radicalement exclue dans les autres films. Mais ce qui est significatif ici est le fait que Raffi souligne le sens intime que l'histoire arménienne a pour sa propre personne. Lorsque l'agent de l'immigration canadienne lui demande pourquoi il lui raconte cette histoire, Raffi répond : « Because it meant something for me. » Les perspectives du théoricien du post-colonialisme Satya Mohanty sont utiles pour l'analyse de cette modification dans la représentation de l'identité historique chez Egoyan. Pour Mohanty, l'Histoire et l'expérience vécue de l'individu sont des éléments fondateurs qui se trouvent en étroite association sur le plan de la construction de l'identité. L'auteur argumente que la construction de l'identité constitue en soi une narration qui rend compte des liens entre l'expérience individuelle contemporaine et la mémoire historique du groupe auquel l'individu appartient[26]. En effet, il s'agit d'un changement radical au niveau de la construction identitaire des personnages d'*Ararat* par rapport aux films précédents : de la mise sous silence de l'histoire ou de la dissociation du sujet de son passé familial et historique dans les trois premiers films analysés ci-dessus, les personnages procèdent à la narration de l'histoire et à l'intégration de cette part collective dans la construction de leur identité individuelle.

---

[26] Satya Mohanty, « The Epistemic Status of Cultural Identity : On Beloved and the Postcolonial Condition » [...] , p. 43.

6.5.2. Réclamer l'Histoire: identité, communauté et émotion

> L'individu est un groupe intériorisé dont la psyché est soumise à l'épreuve des générations[27].

Dans *Ararat*, Egoyan rassemble les quatre générations dispersées de la diaspora arménienne pour raconter le trauma collectif. Ces personnages de divers lieux et époques, venant de Van (Arménie occidentale), de New York, de France et du Canada sont tous liés par une même quête : celle de la représentation et de la transmission. Les théories post-coloniales sur la mise en récit des émotions et de la dimension collective sont ici pertinentes :

> [H]istorical memory might be available to human subjects only if we expand our notion of personal experience to refer to ways of both feeling and knowing, and to include collective as well as individual selves. This braiding and fusing of voices and emotions make possible the new knowledge we seek about our post-colonial condition[28].

La reconstruction de la communauté arménienne diasporique dans *Ararat* s'avère être en même temps une connexion avec des réalités historiques et politiques, une prise de parole et de conscience collective. Le lien entre l'individu et la communauté est alors significatif pour la dimension historiographique de l'identité. Selon Mohanty, nos expériences personnelles les plus profondes se construisent socialement et s'expriment par l'intermédiaire des valeurs et des visions de nature politique. Ces valeurs ont une référence qui se situe à l'extérieur de l'individu. Mohanty entreprend à construire une théorie réaliste de l'identité culturelle et sociale, une théorie qui se base sur une nouvelle interprétation

---

27 Serge Tisseron, *Le psychisme à l'épreuve des générations* [...], p. 1.
28 Satya Mohanty, « The Epistemic Status of Cultural Identity : On Beloved and the Postcolonial Condition » [...] , p. 48.

de l'expérience vécue. Ces perspectives que Mohany envisage ne dissocient pas le Sujet du vécu socio-historique :

> [O]ur emotions provide evidence of the extent to which even our deepest personal experiences are socially constructed, mediated by visions and values that are « political » in nature, that refer outward to the world beyond the individual[29].

Ainsi, l'identité est une construction ou un processus qui conjugue la subjectivité individuelle avec la mémoire collective. Les théories du réalisme positiviste marient la connaissance de soi (self-knowledge) avec les réalités culturelles et communautaires.

6.5.3. *Génocide et discours social : résistance et terrorisme*

> The name Van is associated in Armenian history with the idea of resistance and rebellion[30].

Malgré la mise sous silence de l'Histoire dans les premiers films d'Egoyan, la voix de la résistance y est présente dès le début, quoique de façon symbolique. Dans *Family Viewing*, le nom du jeune homme est directement lié au mouvement de la résistance arménienne historique, soit Van, nom de la célèbre ville arménienne qui fait l'objet central du film-dans-le-film d'*Ararat*. Dans ce film qui donne à voir des événements de 1915, les scènes principales se situent dans cette région montagneuse de Van, où quelques jeunes militants arméniens se préparent à tirer sur de nombreux membres de l'armée turque. Cette narration de la résistance constitue une composante importante du discours diasporique et le nom de Van constitue un symbole identitaire majeur

---

29 Ibid., p. 34.
30 Atom Egoyan, DVD commentary, dans Jonathan Romney, *Atom Egoyan. World Director Series* […], p. 192.

au niveau de la conscience collective des survivants et de leurs descendants[31].

Selon les théories du discours social, l'univers symbolique qui façonne l'imaginaire d'un artiste ou d'un intellectuel appartient à la dimension collective d'une société, dépasse la conscience individuelle. Se basant sur les travaux de Marc Angenot (1989), François Ouellet qui travaille sur les questions de la figure paternelle au niveau de l'identité socio-historique au Québec maintient qu'

> il n'y a pas d'interprétation individuelle qui ne se rapporte à un champ interprétatif plus général, d'ordre social – et par là symbolique. Toute intervention intellectuelle situe systématiquement l'intervenant dans une dynamique sociale signifiante qui relève d'un univers symbolique dont il n'est pas complètement le maître et qui le dépasse largement[32].

Quel est l'univers symbolique au niveau de la dynamique sociale signifiante de la diaspora arménienne ? Dans son essai intitulé *Un état du discours social*, Marc Angenot maintient que le discours social se rapporte à des événements qui ont lieu à l'extérieur des consciences individuelles. Selon l'essayiste, ces événements sociétaux « sont doués d'une puissance en vertu de laquelle ils s'imposent[33] ». Cependant, dans le cas du génocide, les théories psychanalytiques identifient un *processus* plutôt que d'événements. Selon Pierre Fédida :

> [u]n génocide passé, c'est peut-être cela : *un crime portant en lui l'insigne perversité diabolique de pouvoir se perpétuer*

---

31 Il est intéressant de noter l'interprétation d'autres chercheurs canadiens sur le nom de Van dans *Family Viewing*. Par exemple, Monique Tschofen associe le nom de Van au mot anglais « van » qui signifie un véhicule de déplacement !
32 François Ouellet, *Passer au rang du père* […], p. 25-26.
33 Angenot 1989, cité dans *Ibid*, p. 26.

de génération en génération et dont on ne pourrait jamais reconstruire l'événement ni reconstituer les enjeux[34].

À mon sens, Fédida distingue d'une part les événements politiques du génocide et d'autre part, la portée et les répercussions de ces événements sur les membres de la collectivité qui les a subis ; mais surtout, une attention particulière à la dimension intergénérationnelle s'avère essentielle. Cette dimension constitue d'ailleurs l'objet fondamental des histoires racontées dans *Ararat*. Janine Altounian, travaillant dans la tradition freudienne, n'a cessé tout au long de sa réflexion sur la survie de ses parents rescapés du génocide arménien de souligner l'impact des « données inintégrables » sur les héritiers de la survivance et la tâche difficile qui leur incombe, soit : « nommer les conséquences traumatiques des meurtres de masse sur les descendants de survivants[35] ».

6.5.3.1. Le terrorisme arménien

Le discours du terrorisme paraît assez tôt dans *Ararat*, et il est étroitement lié à la construction de la mémoire et de l'identité du jeune personnage Raffi, le fils du terroriste mort dans un attentat dont les spectateurs ignorent les détails. La recherche de l'identité collective est aussi inséparable de la question du territoire, comme nous l'indique les paroles de Raffi qui s'interroge sur l'acte terroriste de son père vers la fin du film : « fighting for the return of this, I guess ». Ainsi, les questions du père et de la patrie sont liées dans *Ararat*, comme le suggère d'ailleurs la racine commune « pater » des deux mots « père » et « patrie » ; il en est du même dans la langue arménienne : soit Hayr (père) et Hayrénik (patrie). Pour analyser la référence au terrorisme dans *Ararat*, nous pouvons considérer deux discours en parallèle. Pour la psychanalyste Hélène Piralian, il s'agit d'une des conséquences

---

34 Pierre Fédida, « Préface », dans Janine Altounian, *La survivance* [...], p. ix ; souligné dans l'original.
35 Janine Altounian, *L'intraduisible* [...], p. xv.

de la non-symbolisation de la Mort suite au génocide, soit le « retour de la Mort dans le Réel » (voir section 6.7. « Transmission et meurtre du Symbolique » plus bas). Quant à Khatchig Tölölyan, expert sur le terrorisme arménien et des réalités de la diaspora en général, il maintient que le discours du terrorisme arménien reflète le discours social populaire[36]. Tölölyan souligne la spécificité du discours de la résistance arménienne dont les racines remontent non pas aux événements du génocide, mais à la culture et à la mythologie populaires arméniennes datant de plus de quinze siècles : la tradition de résistance arménienne se puise dans la littérature et la religion. Plus précisément, selon le théoricien, la figure du terroriste arménien renvoie au Saint et Père mythique de « tous les Arméniens », soit au martyr chrétien du cinquième siècle, Katch Vartan (Vartan le Fort) qui, avec ses disciples, résistait mais risquait sa vie devant les forces persanes qui voulaient les convertir au militantisme zoroastre[37]. Notons que dans *Ararat*, Raffi parlera de cette figure historique et de ce temps mythique à l'agent de l'immigration du gouvernement canadien lorsqu'il raconte l'histoire du génocide. Le jeune Arménien de la quatrième génération de la diaspora ne saura se limiter aux événements de 1915 pour raconter toute « la vérité ». Il lui faut aller à la source, aux racines de la culture populaire arménienne, à des batailles mythiques et fondatrices.

Egoyan fait le lien entre les discours de la résistance de 1915 et le terrorisme des années mille neuf cent quatre-vingt de notre époque dans l'Europe occidentale et l'Amérique du Nord. Le cinéaste expose ainsi dans *Ararat* un langage intertextuel qui est propre au discours social populaire. Ce discours émane de l'expérience actuelle d'injustice (génocide et son déni) et est étroitement lié à la mémoire collective de la diaspora post-génocidaire. Pour Tölölyan, cette résistance et cette expérience d'injustice font partie

---

36 Khatchig Tölölyan, « Cultural Narrative and the Motivation of the Terrorist » […], p. 221.
37 *Ibid.*, p. 222-223.

des histoires de famille et des discours nationaux, les deux étant profondément imbriqués[38]. Ceci nous est transmis dans le film du fait que le terroriste est un père de famille[39]. Cette imbrication devient encore plus évidente, lorsque nous lisons et entendons Janine Altounian répéter à quel point l'incident du terrorisme arménien était significatif pour sa propre écriture de la survivance post-génocidaire. Fille de rescapés du génocide qui se sont réfugiés en France en 1919 (après de longues marches dans le désert de la Syrie), Janine Altounian ne saura envisager le récit de témoignage de son père qu'à la suite de l'attentat « terroriste » qui a eu lieu à Paris en 1981. Altounian écrit :

> L'influence capitale des événements actuels du monde sur ma relation au passé des miens se confirma totalement lorsqu'un incident politique me décida, en 1982, à publier ce manuscrit, désormais disponible, en traduction française : la prise d'otages au consulat de Turquie en septembre 1981 qui, pour la première fois, fit parler de notre histoire autour de moi[40].

L'essayiste n'a cessé d'exprimer ses pensées les plus intimes sur ce sujet et avec beaucoup de franchise :

> Je sentais que mon père aurait approuvé cet acte s'il avait été accompli de son vivant. En retrouvant le souvenir très diffus du plaisir de résistant avec lequel il racontait à ses amis la prise de la Banque ottomane à

---

38 *Ibid.*, p. 221.
39 Dès lors, nous comprenons la démarche de Tölölyan de souligner la spécificité du terrorisme arménien. Pour lui, le terroriste arménien ne correspond pas au portrait pathologique, typique du terroriste (soit, « estranged from the mainstream of [his] society » (*Ibid.*, p. 220)). Nous tenons ici à noter que cette analyse ne veut en aucune manière justifier le terrorisme arménien ou insinuer un portrait « sain » – en contraste avec le portrait « pathologique » – du père terroriste.
40 Janine Altounian, « Parcours d'un écrit de survivant jusqu'à son inscription psychique » […], p. 121.

Constantinople en 1896, j'ai dû m'identifier spontanément à la satisfaction avec laquelle il évoquait cet exploit dont il était fier[41].

6.5.4. Identité et post-témoignage

Si l'histoire du génocide des Arméniens a façonné la pensée filmique d'Egoyan, ce n'est qu'en se connectant à leur communauté d'origine, représentée par les quatre générations de la diaspora arménienne, que les personnages du film pourront dire l'histoire de façon directe et explicite, voire politique. Cette Histoire, ces histoires qui racontent des expériences et une mémoire commune transmettent une vulnérabilité psychologique spécifique liée au clivage sur lequel les enfants des survivants se sont structurés[42] et dont les générations suivantes ont hérité. À travers les différents personnages, Egoyan présente cette dissociation constitutive et met en scène les stratégies d'intégration et de post-témoignage qui œuvrent vers la réparation ou du moins vers la libération d'un lourd passé traumatique.

Notons donc ici que les questions posées par l'agent de l'immigration à la douane–scène qui ponctue le film entier–, telles que : « Qui êtes-vous, que faites-vous, où étiez-vous et pourquoi ? qu'avez-vous à déclarer ? », sont pour Raffi des questions existentielles qui le lient directement à la collectivité diasporique, mais aussi à la nation arménienne historique et donc à la problématique de l'ethnicité. C'est parce que pour le Sujet diasporique, les questions identitaires touchent à l'expérience de la rupture primaire ou de l'exil originel, en général, et à la condition arménienne de survivance post-génocidaire, en particulier. Les réponses aux questions de l'agent de l'immigration ne relèvent pas de l'ordinaire et du présent uniquement, mais d'une histoire lointaine dont les conséquences sont significatives pour le jeune Raffi. Alors qu'un

---
41 *Idem.*
42 Marie-Rose Moro, *Parents en exil* […], p. 24.

jeune Canadien WASP (pour rester dans la dichotomie chère au cinéaste) pourrait simplement répondre par un ordinaire « je suis étudiant, assistant, ou chercheur… etc. », Raffi se doit donner à entendre la longue et lourde histoire de toute sa nation. Ses réponses s'insèrent dans une histoire collective non seulement traumatique, mais aussi controversée et non résolue. Mais ce qui importe ici quant au personnage de Raffi c'est son témoignage de la perte et de l'intégration de cette histoire de pays ancestral ravagé dans la conscience identitaire d'un jeune Canadien d'origine arménienne.

Dans une autre instance, nous sommes exposés encore une fois à cette question existentielle « Qui êtes vous ? », mais cette fois de façon plus grave, car la question se situe au cœur d'une scène qui raconte des horreurs abominables du génocide, soit la scène où le médecin américain Clarence Ussher (rôle joué par Martin Harcourt) est en train de soigner un enfant blessé lors du tournage du film-dans-le-film. Ani, l'historienne de l'art de la troisième génération de la diaspora qui participe en tant que spécialiste de l'œuvre de Gorky à la réalisation du film-dans-le-film avec William Saroyan, entre dans la scène qui est en train d'être filmée avec un message urgent et interrompt le travail de l'acteur-médecin Harcourt/Ussher. Celui-ci est extrêmement perturbé et s'adresse à Ani dans un esprit qui penche sur le surréel :

> What is this, God damn it ?! We are surrounded by Turks. We've run out of supplies, most of us will die. The crowd needs a miracle. This child is bleeding to death. If I can save his life it may give us the spirit to continue. This is his brother. His pregnant sister was raped in front of his eyes, before her stomach was slashed open to stab her unborn child. His father's eyes were gauged out of his head and stuffed into his mouth and his mother's breasts were ripped off. She was left to bleed to death. So who the fuck are you ?

Cette superposition surréelle des deux temporalités constituantes du film d'Egoyan d'une part, le temps des massacres de Van englobant les événements historiques du génocide et d'autre part, le temps de la diaspora incarné par Ani l'historienne de l'art complique les questions de l'identité de la troisième génération. La question « Qui êtes-vous ? » posée à Ani connote des interrogations complexes et conséquentes, comme le suggèrent les autres éléments furieux de la phrase : « So who *the fuck* are you ? ». Ne s'agissant pas d'une identité reçue car discontinue brutalement par le meurtre collectif – comme nous le montre la scène en train d'être filmée –, la définition de soi, pour les personnages de la diaspora nécessite des analyses dont la multiplicité d'histoires et de générations implique une trahison pour l'identité authentique restée sur les terres du génocide et puis disparue dans le désert des déportations. Nous comprendrons plus clairement cette réflexion qu'Ani doit se faire sur son identité diasporique et canadienne à la lumière d'un commentaire qu'elle avait fait plus tôt à Ruben Bogosian[43], le co-directeur du film-dans-le-film. Ne sachant que penser ou sentir au sujet du personnage du jeune Gorky qui doit être intégré dans ce film, et pourtant, ses recherches académiques portent sur ce peintre rescapé de Van, ici, dans la scène du médecin Ussher, Ani semble être obligée de sentir ou de comprendre le rôle du survivant dans la construction de son identité. Le « Who the fuck are you ? » est décidément lié à une autre phrase subor-

---

43 Notons bien que Ruben est le prénom du célèbre cinéaste américain Ruben Mamoulian, et Bogosian, le nom du documentariste Theodore Bogosian, tous deux des Américains d'origine arménienne (voir chapitre 1 ici, section 1.3. « Paradigmes actuels : postnationalisme, post-ethnicité »). Pareillement, Raffi est le prénom du chef d'orchestre torontois, Raffi Armenian, mais aussi le prénom du troubadour canadien pour enfants à qui il y a une référence à travers une chanson que l'enfant Van chante en anglais dans une des home videos dans *Family Viewing*. Ainsi, la réitération des noms d'artistes arméniens servirait à perpétuer les symboles de la production culturelle de la diaspora arménienne. En même temps, cet emploi répétitif des noms arméniens peut aussi fournir au spectateur non arménien un point de repère pour une minorité nord-américaine très peu visible.

donnée et latente : « par rapport à ces gens qui sont en train d'être massacrés ».

Scène très puissante alors et qui invite à une réflexion profonde sur l'identité des Arméniens de la diaspora par rapport à leurs ascendants, les Arméniens du génocide[44], ainsi que, au niveau des discours politiques, à ceux qui détiennent le droit légitime à la parole « authentique » de l'Histoire, c'est-à-dire, les fils de l'État de l'Arménie actuelle (ex-soviétique). Dans la scène avec le médecin Ussher, Ani reste sidérée, non seulement à cause de l'horreur qu'elle vient d'entendre d'après la narration du médecin, mais aussi parce que la question « Who the fuck are you ? » relève d'une telle distance entre les générations en question (temporelle et géographique) au point d'exiger une mise au point au sujet de l'identité diasporique strictement par rapport au génocide. La stupeur d'Ani que cette scène nous transmet est d'une force profonde et révélatrice : non seulement parce que le silence d'Ani traduit l'indicible de l'horreur, mais parce que l'histoire du génocide, c'est-à-dire le trauma collectif, est toujours efficiente, opérante et que le passé n'est pas tout à fait passé.

Et pourtant… La fonction de ce mutisme n'est pas de supprimer les autres préoccupations quotidiennes post-génocidaires, comme il pourrait nous sembler dans cette scène. En fait, Egoyan donne à voir une temporalité diasporique dans laquelle présent et passé co-existent et se mêlent. Ani, dans cette scène, est à la fois au présent et au passé : elle est obligée d'être dans le passé pour sentir des émotions communes à l'expérience subie par la violence collective. À mon sens, la fonction de cette juxtaposition

---

[44] Lors de mon voyage en Arménie en 2003, un des Arméniens d'Arménie ex-soviétique était soupçonneux par rapport à l'authenticité de l'identité, de la mémoire et de l'expérience arméniennes chez les Arméniens de la diaspora, surtout lorsqu'il s'agissait d'Egoyan. « D'ailleurs, qui est cet Egoyan? et que connaît-il du génocide? », me dit le Natif, comme si seuls les Arméniens « authentiques », c'est-à-dire de la République d'Arménie, détenaient la « Vérité » et la « juste » mémoire des Arméniens.

surréelle de ces deux temporalités est que Ani la diasporique de la troisième génération est désormais (post)témoin de l'histoire traumatique de son peuple.

6.6. L'empire du déni

> ... cette réparation ultérieure des discours qui nient [...]. Ces discours se retrouvent en guerre mutuelle sans qu'on puisse parler de dialogue de sourds : il s'agit même du contraire d'un dialogue, car une des deux paroles est là pour continuer de détruire et faire taire, tandis que l'autre tente de se dégager de cette continuité meurtrière en reconstituant un fil d'humanité par un effort discontinu d'énonciation, qui devient la marque éthique propre de la vie du témoin[45].

Le génocide des Arméniens a comme spécificité le déni décisif et le maintien actif de ce déni par les autorités responsables ainsi que par leurs successeurs et par une bonne partie de la communauté internationale occidentale. La France, pays d'accueil d'une des plus grandes communautés diasporiques arméniennes, n'a reconnu ce génocide qu'en 2001. Le Canada, quant à lui, a mis jusqu'en 2004 pour déclarer la reconnaissance du génocide arménien. Les États-Unis, abritant le plus grand nombre d'Arméniens de la diaspora occidentale, n'ont pas encore accepté d'inscrire la vérité de cette catastrophe historique. Dès ses débuts, le génocide des Arméniens orchestré par le gouvernement turc avait comme but non seulement la « liquidation[46] » des Arméniens sur leurs terres ancestrales, mais aussi l'effacement de la mémoire publique et du

---

45 Catherine Coquio, *L'histoire trouée : négation et témoignage* [...], p. 36-37.
46 Terme employé par Talaat Pacha, l'un des Jénisséries (Jeunes Turques), ministre de l'intérieur ayant orchestré le génocide, lors d'une conversation avec l'ambassadeur des États-Unis, Henry Morgenthau en 1916. En réponse à l'ambassadeur qui demande ce que Talaat Pacha comptait faire des Arméniens, ce dernier dit : « À quoi bon reparler d'eux,... nous les avons

souvenir subjectif de ce génocide même. Ainsi, à la suite des massacres à l'échelle nationale, les traces des Arméniens ayant vécu sur leurs terres ancestrales furent détruites ou défigurées par les autorités turques. De plus, ces dernières ont formulé la résolution tenace d'éradiquer le souvenir même de cette catastrophe à l'intérieur du territoire désormais turc : « que soient labourés les cimetières[47] ». Si le droit de vivre avait été enlevé au peuple arménien, alors le droit à la mort ne lui fut pas non plus possible. Plus encore, le souvenir individuel fut aussi interdit : « que soient déportés tous les enfants en âge de se souvenir[48] ».

Selon Hélène Piralian, le déni « a pour fonction, au-delà de l'extermination des personnes, d'entretenir la disparition de leur existence passée de manière à ce que celles-ci deviennent non des morts mais des « n'ayant-jamais-existé[49] ». Le déni « continue d'agir comme un véritable trauma psychique sur les survivants et leurs descendants[50] ». Ainsi, l'entretien actif de la disparition des victimes empêche le travail de deuil chez les survivants et chez leurs descendants, ce qui maintient de façon permanente les effets opérants du crime contre l'humanité.

6.6.1. Déni et médias

> A film that sought [only] to depict the horrors of the Armenian Genocide would have no doubt been emotional, but it would not have dealt with the issues Armenians must live with today[51].

---

liquidés, c'est fini » (Talaat Pacha, cité dans Hélène Piralian, *Génocide et transmission* […], p. 15).
47 *Idem.*
48 *Idem.*
49 *Ibid.*, p. 6.
50 *Ibid.*, p. 93.
51 Atom Egoyan, « In Other Words » […], p. 893.

Dans *Berlin chantiers : essai sur les passés fragiles*, Régine Robin (2001) écrit au sujet de la transmission chez les descendants des survivants de la Shoah :

> [L]a troisième génération qui a eu accès aux films, aux images d'actualités retrouvées, aux témoignages, à la fiction sous toutes ses formes, cette troisième génération est parfois plus atteinte encore[52].

Comment ne pas être encore doublement atteint lorsque le témoignage n'est pas possible car les autorités responsables maintiennent encore aujourd'hui le déni et que pour qu'il y ait témoignage, il faut que l'Histoire ait entendu et recueilli la parole des survivants, lorsque l'accès à la vérité est interdit, lorsque les images d'actualités sont rares [53]? Dans son article sur *Ararat*, Atom Egoyan parle des réalités qu'il devait prendre en considération lors de la conception de son film soit, un premier film sur le génocide arménien qui aurait une distribution commerciale, destiné à un public surtout occidental, qui, en grande majorité, n'aurait rien entendu auparavant de cette histoire, ni de ce peuple. Un film, en fait, qui raconte une histoire qui a commencé il y a presque un siècle, mais qui n'est pas encore médiatisée. Parlant des personnages qui représentent les quatre générations de la diaspora arménienne dans *Ararat*, le cinéaste écrit :

> These are contemporary characters whose collective history has never been made into a popular mini-series, or a ground-breaking television movie[54] or an

---

52 Régine Robin, *Berlin Chantiers* […], p. 48.
53 Le seul témoignage que les descendants des Arméniens du génocide possèdent est le témoignage du déni. Et nous témoignons de l'impossible, car il est impossible que le génocide n'ait pas eu lieu !
54 Comme *Roots* sur la violente histoire de l'esclavage et du déracinement des Afro-américains aux États-Unis, par exemple.

artistically hailed film seen by millions of people all over the world[55].

Pour Egoyan, les scènes qui dépeignent le génocide « ne peuvent toutes seules compenser le déni qui date de plus de quatre-vingt-cinq ans[56] ». Faute de reconnaissance des structures émotives qui sont mises en marche par le processus génocidaire chez les survivants et leurs descendants, un besoin d'authentification de ces éléments affectifs s'avère essentiel. Selon Catherine Coquio, la situation cauchemardesque du déni fait appel à une « pulsion testimoniale » et déstabilise en même temps le statut de la « vérité[57] ». Ainsi, le jeune Raffi dans *Ararat* doit aller en Turquie, sur les terres où la violence meurtrière a eu lieu afin de témoigner, d'authentifier (de valider ?) et de confronter l'expérience subjective en rapport avec le passé nié.

6.7. Transmission et meurtre du Symbolique

La psychanalyste Hélène Piralian définit le génocide comme ayant pour cible non seulement le corps collectif des sujets d'une communauté, mais aussi l'ordre symbolique de celle-ci. Pour Piralian, le meurtre collectif d'un génocide implique en même temps et au-delà du meurtre réel et physique « le meurtre du Symbolique lui-même et de sa transmission[58] ». Sans banaliser la perte matérielle de toute une population massacrée, l'auteure de l'excellent essai *Génocide et transmission* se concentre sur les conséquences psychiques de la destruction du Symbolique sur trois générations d'Arméniens, la première ayant survécu mais « gard[é] les morts en elle pour les transmettre » (car ces derniers n'ont pu être inhumés), la deuxième génération, comme la pre-

---

55 Sans doute, comme *Schindler's List* de Steven Spielberg sur le Holocaust des Juifs ; Atom Egoyan, « In Other Words » […], p. 896.
56 *Ibid.*, 896 ; ma traduction.
57 Catherine Coquio, *L'histoire trouée : négation et témoignage* […], p. 37.
58 Hélène Piralian, *Génocide et transmission* […], p. 11.

mière, n'ayant pu symboliser la Mort, et la troisième devant subir « le retour de la Mort dans le Réel, retour dont un certain terrorisme serait l'une des expressions[59] ». Ainsi pourrions-nous tenter d'expliquer ce que Raffi qui appartient à la quatrième génération cherchait à comprendre du legs de son père mort dans un attentat terroriste dans *Ararat*. La reconnaissance du génocide sur la scène publique, c'est-à-dire la reconnaissance par les autorités internationales de la disparition des deux tiers de la population arménienne en 1915, suite à un crime organisé et visant à éradiquer la nation arménienne, offrirait un espace symbolique et libérerait les descendants de cette blessure ainsi que du poids de la dénégation. C'est pour cela que dire le génocide publiquement pour Egoyan aurait une valeur et une fonction réparatrices. Si comme l'a écrit le cinéaste la narration du génocide se fait dans l'anxiété de ne pas être écouté, cette narration même fait partie d'un acte libérateur. Mais en ce faisant, en racontant la « vérité » comme le fait Raffi à la douane canadienne dans *Ararat*, le jeune homme risque de diffuser une information illégitime puisque l'histoire du génocide arménien ne fait pas partie du discours officiel du Canada, et qu'elle est même interdite par la « toute-puissance[60] » turque.

Dans *Ararat*, Egoyan symbolise l'interdit de la narration du génocide à travers la scène des boîtes de drogue que Raffi ramène de la Turquie, substance forcément interdite à la douane du pays d'accueil. Cette scène à la douane, cette entrevue avec l'agent de l'immigration qui ponctue la réalisation du film-dans-le-film est d'une importance capitale. Nous sommes face à face avec une autorité arbitraire, car seul l'agent de l'immigration peut décider de ce qui peut entrer dans son pays. En écoutant et acceptant l'histoire de Raffi et en le laissant entrer au pays malgré la substance interdite qu'il apporte, l'agent de l'immigration du gouvernement canadien fait de l'histoire du génocide une vérité au niveau politique et l'inscrit dans l'espace symbolique de son pays. Ainsi, cette

---

59 *Ibid.*, p. 21.
60 Hélène Piralian, *Génocide et transmission* […], p. 42.

histoire sort de la dimension personnelle pour devenir publique, pour faire partie du corpus collectif de la communauté canadienne. Dès lors, l'autre – autre que celui du couple bourreau-victime – s'avère indispensable pour le processus de témoignage et de libération pour que les héritiers des survivants puissent se délier de la scène traumatique que leurs ascendants ont subie et léguée.

6.8. Conclusion : témoignage et réparation

Le témoignage en souffrance, le travail du deuil impossible, c'est la présence de l'absence[61] qui se transmet d'une génération à l'autre. La préoccupation par le passé informulé ainsi que par la mémoire non disponible au niveau des discours officiels de la communauté humaine prend la forme d'une nécessité au niveau de la survivance intergénérationnelle.

Pour qu'il y ait réception, le témoignage exige la présence d'un tiers, d'une personne autre que l'exterminateur. Piralian écrit :

> Si être témoin se dit à la fois de celui qui parle de ce qu'il a vu, vécu ou entendu et de celui qui l'écoute, entend et recueille son témoignage, il ne peut y avoir de témoignage que si ces deux sortes de témoins sont réunis[62].

Ainsi, dans *Ararat*, sont réunis à la douane canadienne Raffi qui vient de rentrer de la Turquie et l'agent de l'immigration, l'autorité qui détient le pouvoir d'admission d'une personne à l'intérieur d'un pays. Cette admission correspond aussi à l'inscription du génocide dans l'histoire du Canada. En racontant la « vérité » de ce qui s'est passé en Turquie à l'agent de l'immigration du gouvernement canadien, Raffi non seulement se déclare sujet en prenant la parole, mais il inscrit aussi le génocide dans la

---

61 Pierre Fédida, « Préface », dans Janine Altounian, *La survivance* [...], p. viii.
62 Hélène Piralian, *Génocide et transmission* […], p. 23.

mémoire d'un pays qui n'avait pas encore reconnu le génocide des Arméniens[63].

Il s'agit ici d'un témoignage tardif et différé, qui est malgré tout un témoignage, offrant la possibilité d'une « réparation » ou du moins d'une « libération », pour que la mort des ancêtres devienne intégrable. Pour que commence le travail de deuil.

La réparation sur le plan psychique de l'histoire du trauma collectif est symbolisée à la fin du film par le raccommodage du bouton manquant du manteau d'Arshile Gorky. Retour donc à l'origine de la diaspora arménienne, aux temps imaginés d'avant le génocide : dans une atmosphère idyllique et rêvée, la mère de Gorky se trouve en chair et en os au même endroit où la célèbre photographie de l'artiste et sa mère avait été prise à Van en 1912, scène dans laquelle la mère remarqua le bouton manquant. Reprenant la musique du chant nostalgique avec lequel le film commence – *La Grue*[64] –, la mère de Gorky replace et coud le bouton qui avait été conservé par son fils peintre dans son atelier de New York presque un siècle plus tard.

---

63 Au moment où Egoyan tournait son film *Ararat*, le gouvernement du Canada n'avait pas encore reconnu les événements de 1915 en tant que génocide. C'est seulement en 2004 que le gouvernement d'Harper a officiellement déclaré la reconnaissance du génocide arménien en tant que vérité historique. La question se pose ici si *Ararat* d'Egoyan a eu un effet quelconque sur le discours politique du gouvernement canadien conservateur.

64 *La Grue* (L'oiseau mythique *Krounk* en arménien), est un « chant d'émigrés arméniens partis loin du pays. L'émigré parle à la grue, lui demandant de chanter, donner des nouvelles de son pays et de sa bien-aimée. Lui faisant part de ses souffrances, il veut labourer le champ, le soleil brille dans le monde. L'émigré sait qu'au printemps la grue partira au pays. Il lui demande de saluer sa bien-aimée... Sa nostalgie est grande, sa vie est pénible à l'étranger, il se languit avec le cœur gros... » (http://www.globalarmenianheritage-adic.fr/fr/5culture/musique/2_gantchekrounk.htm).

VII. Conclusion

Imaginaire de l'extrême

7.1. Familles imag-inées ou la passion de la représentation

> Seule la représentation des objets de l'amour rend possible de s'en endeuiller, de consentir à les quitter pour les rencontrer autrement[1].

La décision d'Egoyan de nommer sa compagnie de production « *Ego* Film Arts » supprimant le signifiant *-yan* accentue le manque d'un signifiant arménien dans sa filiation et parle de la discontinuité de ses attaches à l'arménité[2]. En reproduisant la séparation de sa généalogie originaire par la suppression du suffixe *-yan* pour nommer sa compagnie de production *Ego Film Arts*, Egoyan non seulement met en relief la fragilité des symboles nationaux de l'appartenance, mais aussi problématise-t-il les questions de généalogie et de parenté. Dans ce contexte, le cinéaste traite des questions de la perte et de l'absence à travers les stratégies de médiation et de substitution, les deux mécanismes agissant de manières contradictoires. D'une part, la médiation est

---
1 Janine Altounian, *La survivance* […].
2 Sylvie Rollet, « Le lien imaginaire : une poétique cinématographique de l'exil » […], p. 104.

un symbole et une condition de la distance, et d'autre part, la substitution est une stratégie qui comble le vide provoqué par les techniques de médiation ainsi que par d'autres conditions sociales d'absence et de perte. Dans un monde où la technologie modifie toute activité humaine[3], les relations extrêmement médiatisées promettent de l'intimité virtuelle et de l'immédiateté fictive, laissant l'être désirant de liens intimes et stables.

7.2. Médias et distance

> Distance is the opposite of closeness. The essentially distant object is the unapproachable one. . . . True to its nature, it remains « distant, however close it may be ». The closeness which one may gain from its subject matter does not impair the distance which it retains in its appearance[4].

Les conséquences de la globalisation, les « tragédies des déplacements[5] » touchent à quelque chose de crucial dans le contexte de la dynamique familiale, soit la présence et le contact de la relation directe. L'avancement constant de la technologie donne l'illusion d'une interaction et d'une communication sans borne et couvre un autre type de perte, celui de la proximité physique qui permet le contact organique et direct, à travers lequel pourraient se nourrir sensualité, affection et intimité. Dans le contexte des migrations de masse, les relations familiales sont de plus en plus volatiles ; le processus d'imaginer la famille mériterait donc une attention particulière. L'emploi de la stratégie de substitution à l'intérieur du contexte familial, aussi bien que la métaphore de l'inceste associée à la substitution, surtout dans les trois premiers longs-métrages d'Egoyan, *Next of Kin*, *Family Viewing* et *Speaking Parts*, consti-

---

3   R. Alan Hedley, *Running Out of Control : Dilemmas of Globalization* […], p. 166.
4   Walter Benjamin, *Illuminations*.
5   Arjun Appadurai, *Modernity at large* […], p. 39.

tuent de nouvelles façons de représenter les relations familiales ainsi que les fantaisies et les romans familiaux de notre époque.

Dans le contexte du (post) exil arménien, l'écroulement des structures nationale et familiale suite à la dispersion originaire du peuple arménien d'une part, ainsi que la migration perpétuelle et le déplacement sur l'échelle globale d'autre part, suscitent une dépendance quotidienne intense des médias et de la représentation. Dans *Ararat*, dernier film d'Egoyan qui traite directement de la diaspora arménienne, la photographie d'Arshile Gorky et sa mère qui a été prise en Arménie occidentale autour de l'an 1912 et destinée à son père déjà installé à New York n'est qu'un exemple du rôle crucial que jouent les médias dans le maintien des identités individuelle et collective ainsi que dans la persistance des relations familiales après l'exil, après la rupture violente. Rappelons-nous de ce que dit Ani, l'historienne de l'art, au sujet du tableau basé sur cette photographie de l'artiste et sa mère : « That painting is the repository of our history ; it is a sacred code that explains who we are and how and why we got here. » Le médium photographique est, en effet, ce qui rend Gorky capable de survivre spirituellement (quoique pas pendant longtemps car il se suicide à l'âge de 44 ans) en recréant la relation avec sa mère à travers les nombreuses reproductions – les tableaux – de « L'artiste et sa mère » pendant son exil à New York[6]. En d'autres mots, l'obsession de Gorky par la mémoire de sa mère se transforme en une passion pour la représentation par le médium de la peinture. Sa mère qui meurt dans ses bras pendant les déportations ne peut jamais plus être qu'une représentation chimérique, une image. À la fois absente et (re)présente.

---

6 Pour une étude élaborée sur la vie d'Arshile Gorky, voir la biographie écrite par Nouritza Matossian, *Black Angel : A Life of Arshile Gorky* […].

7.3. Reconstruction (Re-membering) de la famille

> Fearful of losing his childhood and his identity, he placed himself next to his mother and he painted her back to life. Vartoosh [his sister with whom he emigrated] described to me how Gorky warned her before letting her see [the painting] for the first time. Then he sat down, facing the portrait . . . and said, « Vartoosh dear, here is Mother. I am going to leave you alone with her ». He shut the door.
>
> « Oh, I was so shocked ! Mother was alive in the room with me. I told her everything and I wept and wept[7] ».

La plupart du temps, la distance entre les membres de la famille qui est reproduite ou créée dans les films d'Egoyan est compensée par la substitution et dans les cas extrêmes, par les désirs fusionnels et incestueux. La reconstruction ('re-membrement') de la famille est une pratique qui préoccupe nombre d'artistes diasporiques. L'obsession par la connexion aux proches parents et la substitution des membres absents de la famille se fait remarquer surtout chez un contemporain d'Egoyan, le poète et écrivain canadien d'origine arménienne, Lorne Shirinian[8].

Dans la fiction de Shirinian, les personnages, qu'ils soient grecs, juifs ou arméniens, sont présentés comme des « orphelins de la mémoire » (*Memory's Orphans*). Il s'agit de personnages rescapés, des exilés qui découvrent de la famille à Toronto, qui s'interrogent sur leurs grands-parents ; il s'agit enfin de personnages qui désirent des relations impossibles avec des frères meurtris

---

7   Nouritza Matossian, *Black Angel : A Life of Arshile Gorky* […].
8   Fils d'un membre des Georgetown Boys (chapitre 2. « *Next of Kin* ou l'histoire d'une nouvelle famille canadienne). Nous pouvons aussi observer cette esthétique de la substitution et de la reconnection chez la réalisatrice expérimentale et artiste visuelle Garinée Torossian qui fut l'élève d'Egoyan. Pour une analyse de l'œuvre de Torossian, voir le récent ouvrage de Marie-Aude Baronian, *Mémoire et image. Regards sur la catastrophe arménienne* […].

et avec des parents disparus[9]. Dans une nouvelle intitulée *Hotel Diaspora*, le narrateur qui s'installe dans le *Café des âmes perdues*[10] est en train d'imaginer le scénario suivant à propos d'un nouveau rescapé qu'il rencontrerait à l'hôtel. Shirinian écrit :

> One afternoon, he runs through the lobby, excited, incoherent. « My family. They're alive. My family survived ». After the attack on their column, they had become separated. Each thought the others dead. Through some miracle, some perverted fiction, he finds his family intact in another hotel in the city. They see each other on Jacob Street and run to each other. « Papa », his daughter yells, « Papa ». They hug each other tightly and kiss, tears flowing[11].

Ailleurs, dans un chapitre qui traite des questions de liens, de coupures et de post-mémoire, Shirinian (2004) offre un commentaire sur son propre poème intitulé *Evolution (On looking at a photograph taken in Western Armenia in 1915 and one taken of me in 1997*[12]), l'auteur écrit qu'en regardant la photographie de 1915, conscient que la personne qu'il fixait n'était pas de sa famille, il l'accepte comme un substitut pour remplacer sa famille disparue :

> I accepted him as a surrogate to fill in for my murdered grandparents, aunts, uncles, and cousins in an attempt to create a connection and some form of continuity, knowing full well that such forms of intimacy were impossible[13].

Les artistes de la diaspora arménienne, surtout les générations post-exiliques, manifestent un désir profond de connexion avec des êtres absents, plutôt qu'avec un lieu géographique quitté. Quant à

---

9   Lorne Shirinian, *Memory's orphans* […], p. 52-56.
10 *Idem*.
11 Lorne Shirinian, *Memory's Orphans* […], p. 51.
12 Le poème apparaît dans son recueil de poésie *Rough Landing*.
13 Lorne Shirinian, *This Dark Thing* […], p. 40.

Egoyan lui-même, dans *Calendar*, même si le photographe n'exprime pas d'intérêt pour les lieux de l'origine ancestrale, il s'engage à écrire avec nostalgie à Lucinée, la jeune fille qu'il a adoptée en Arménie. En adoptant cette fille d'Arménie, le photographe est en train d'essayer de regagner métaphoriquement la connexion avec les gens disparus de sa lignée. La fille arménienne adoptée pourrait donc être un substitut pour la grande famille, comme d'ailleurs la figure de la grand-mère au nom d'Armen avec qui le jeune Van aimerait se réunir dans *Family Viewing*. Sur un autre niveau, les douze actrices qui visitent le studio du photographe à Toronto, dans *Calendar*, sont aussi des substituts pour sa femme qui vient de le laisser pour rester en Arménie. Il y a donc une récompense à travers ce nouveau lien réinventé avec des individus arméniens de l'Arménie ainsi qu'avec des artistes arméniens de la diaspora, comme nous le voyons dans *Ararat*. Cette communauté réclamée serait surtout importante pour la reconstruction de la mémoire collective du génocide.

Mais la « mélancolie ineffable pour intimes[14] » ne se traduit pas toujours par un désir pour le Même. Dans *Next of Kin* (1984), par exemple, la substitution du fils arménien Bedros par le Canadien Peter permet au fils-substitut et à la mère-substitut de regagner un contact physique qui avait été interrompu pour tous les deux, quoique dans des circonstances différentes. La mère arménienne avait donné son fils à l'adoption pour faciliter l'immigration de la famille. Dans une autre famille, cette fois canadienne WASP, Peter avait été mécontent avec ses parents et quitte sa thérapie familiale par vidéo pour s'installer dans la famille arménienne, prétendant qu'il est leur fils biologique. Ainsi le fils-substitut finit-il par se trouver comme dans une thérapie familiale organique où l'intimité et le contact physiques avec sa mère seront de nouveau possibles. En effet, tandis que cet aspect matériel s'avère impossible dans une thérapie médiatisée (par vidéo dans ce cas-ci), une scène qui dure quelques minutes et dans laquelle la mère prend le

---

14 Janine Altounian, *Ouvrez-moi seulement les chemins d'Arménie* […], p. 30.

prétendu fils dans ses bras nous confirme l'intention du cinéaste de rapprocher mère et fils comme aux temps d'avant la coupure. Il s'agit du gros plan filmé dans la cuisine de la famille Deryan et qui donne à voir la mère chanter une berceuse à Peter en le serrant dans ses bras comme s'il était un bébé. Dans cette scène où la présence des corps est amplifiée, mère aimante et fils infantilisé occupent toute la place grâce à la prise de vue rapprochée-serrée ; la figure du père, minuscule dans un coin lointain, est renvoyée au second rang. Ainsi, mère et fils revivent la symbiose qui avait été interrompue par le processus migratoire. *Next of Kin* fournit donc un exemple focal de la stratégie de substitution dont la fonction se confond avec la fusion et prête à regagner les liens perdus entre les proches parents.

Egoyan transpose ce désir diasporique de re-membrer et retrouver des proches parents sur les personnages postmodernes de ses films en général. La stratégie de substituer un membre de famille pour un autre permet au cinéaste non seulement de faire hommage aux membres absents de la famille, mais aussi de déstabiliser l'institution familiale traditionnelle en déconstruisant la filiation biologique en tant que fondation ultime de l'unité familiale. En optant pour une telle filiation imaginaire et re-composée, Egoyan souligne la fragilité et l'instabilité de l'identité familiale et passe aux représentations plus fluides des réseaux de parenté et des communautés d'appartenance.

7.4. Substitution et inceste : imaginaire de l'extrême

La stratégie de substitution dans les films d'Egoyan est souvent liée à une tendance incestueuse. En fait, le thème de l'inceste anime une part importante dans l'œuvre d'Egoyan et émerge très tôt dans sa carrière. Sauf pour *De Beaux Lendemains/The Sweet Hereafter* (1997) et *Exotica* (1993), dans tous les films où il y a risque d'inceste, la relation « tabou » a lieu entre deux adultes qui consentent à cette relation. L'inceste dans ces films ne viole pas le code éthique de la société diégétique du film puisque l'un des deux partenaires est toujours un substitut. Dans *Family Viewing*, Van – 18 ans – doit faire face à une séduction sexuelle de la part de sa mère-substitut ; dans *Speaking Parts*, Clara a une relation qui suggère l'incestueux avec le jeune acteur, Lance, qui ressemble à son frère décédé. Dans *Exotica*, il y a un risque d'inceste entre le père et la fille-substitut, la danseuse ; et finalement, dans *Ararat*, les demi-frère et sœur, Raffi et Célia, entretiennent aussi une relation sexuelle. Egoyan dit même avoir regretté le fait de ne pas avoir développé la possibilité d'une relation incestueuse entre la sœur et son frère-substitut dans son premier long métrage, *Next of Kin*. Dans une entrevue avec Mario Falsetto, Egoyan avoue :

> One of the ideas I'd take further, if I were to do it now, is the notion of an incestuous relationship between Khanjian's character and the boy she obviously knows is not her brother. There's an attraction between the two of them, but I made a decision not to develop that. More could have been made of it, but it was something murky at the time. I think it was a real opportunity lost. It could've been very interesting[15].

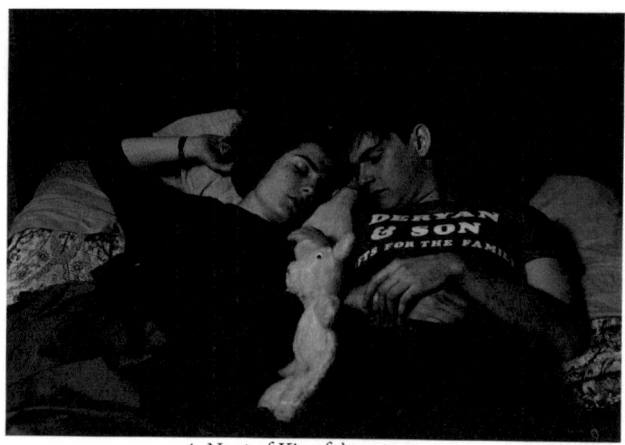

4. *Next of Kin* : frère et sœur.
© : Ego Film Arts

---

15   Atom Egoyan, « Atom Egoyan » […], p. 129.

D'où vient cette ombre du risque des relations fusionnelles et incestuelles dans un contexte de rapprochement familial si complexe ? La persistance du thème de l'inceste affirme certainement son inévitabilité dans une œuvre pour laquelle les métaphores principales sont le déplacement radical, la séparation répétitive et l'aliénation. Si ces notions constituent la condition associée au destin de la globalisation et de la haute technologie, elles sont aussi des métaphores pour l'exil violent des ancêtres d'Egoyan de leurs terres natales et la séparation originaire radicale de leurs familles, ainsi que pour la migration continuelle et répétée de sa famille dispersée. Les répercussions de cette rupture violente sur la culture arménienne diasporique, dont les racines remontent au génocide et représentent pour la plupart l'orphelinat et l'adoption, ont une empreinte et constituent une composante majeure de l'imaginaire des artistes d'origine arménienne. Notons ce que relate l'historienne canadienne au sujet des immigrants arméniens de la première génération :

> After World War I, the mostly male settlers in Canada set about to reconstitute family life. They tried to locate surviving family members and to find suitable wives in orphanages and refugee camps[16].

Dans un imaginaire issu d'un tel contexte socio-historique, les relations fusionnelles évoquent une anxiété d'annihilation, une menace existentielle qui hante et à laquelle se rattache la menace de la discontinuité et l'angoisse du morcellement[17] : la crainte d'être perpétuellement exterminé. L'inceste, dans ce contexte, insinue métaphoriquement la reproduction du Même/Autre, ou le devenir Même/Autre.

---

16 Isabel Kaprielian-Churchill, *Like Our Mountains : A History of Armenians in Canada* […], p. xxviii.
17 Vahan Yeghicheyan, « Des problèmes de filiation après le vécu collectif d'un génocide (à propos de la minorité arménienne en diaspora) » […], p. 976.

L'attraction qu'exprime Egoyan pour les pôles extrêmes du comportement humain (« the more extreme sides of human behaviour[18] », ainsi que la préoccupation compulsive par la séparation et la communion, résulte en l'étirement à ses limites de la métaphore de la reconnexion. Le cinéaste travaille avec une esthétique de l'extrême : la séparation d'un côté et la fusion de l'autre. Sa présentation de l'inceste sert de métaphore pour la réunion dans la fusion, la fusion qui annule la distance, la fusion avec le Même, ce Même qui est à la fois Autre, toujours fidèle à l'identité diasporique complexe et paradoxale. En diaspora, les relations de parenté sont contaminées par des distances sans proportions ; telle dispersion constitue une parfaite condition irrésistible pour imaginer les scènes de réunions absolues.

---

18 Atom Egoyan. « Atom Egoyan » […], p. 122.

VIII. Bibliographie

Aghazarian, Annette, « 100 years of sorrow and joy », *Montreal Gazette*, July 24, 2006.

Agosin, Marjorie, dans Mahnaz Afkhami, *Women in Exile*, Charlottesville, University of Virginia Press, 1994.

Agoudjian, Antoine, *Les yeux brûlants, mémoire des Arméniens*, Paris, Photo Poche, Actes Sud, 2006.

Alemany-Galway, Mary, « Family Viewing », dans *A Postmodern Cinema : The Voice of the Other in Canadian Film*, Lanham, Maryland, Scarecrow Press, 2002.

Altounian, Janine, *Ouvrez-moi seulement les chemins d'Arménie: Un génocide aux déserts de l'inconscient*, Paris, Les Belles Lettres, Collection confluents psychanalytiques, 1990.

Altounian, Janine, *La Survivance: traduire le trauma collectif*, Paris, Dunod, 2000.

Altounian, Janine, « Entrevue avec Ara Toranian », *Nouvelles d'Arménie Magazine*, n° 54, 2001, p. 42-43.

Altounian, Janine, « Famille sous terreur et conflits 'œdipiens'. Peut-on aimer/haïr père et mère sous la terreur de l'extermination ? », dans Jean-François Chiantaretto et Régine Robin, *Témoignage et écriture de l'histoire*, Paris, L'Harmattan, 2003, p. 349-375.

Altounian, Janine, *L'intraduisible: deuil, mémoire, transmission*, Paris, Dunod, 2005.

Altounian, Janine, « Parcours d'un récit de survivant jusqu'à son inscription psychique ou Temporalité d'élaboration d'un héritage traumatique », dans *Mémoires du génocide arménien. Héritage traumatique et travail analytique*, avec la contribution de K. Beledian, J.-F. Chiantaretto, M. Fraire, Y. Gampel, R. Kaës, R. Waintrater, Paris, PUF, 2009, p. 113-147.

Appadurai, Arjun, *Modernity At Large : Cultural Dimensions of Globalization*, Minneapolis, University of Minnesota Press, 2002.

Atwood, Margaret, *The Journals of Susanna Moodie*, Toronto, Oxford University Press, 1970.

Bailey, Cameron, « Scanning Egoyan », *CineAction*, n° 16, printemps 1989, p. 46.

Bal, Mieke, « Introduction », dans Mieke Bal et coll., *Acts of Memory: Cultural Recall in the Present*, Hanover et Londres, University Press of New England, 1999.

Bammer, Angelika, dans *Displacements: Cultural Identities in Question*, Indiana University Press, 1994.

Baronian, Marie-Aude, *Image et témoignage. Vers une esthétique de la catastrophe*, Belgique, Les presses de l'imprimerie CIACO, avril 2005.

Baronian, Marie-Aude, *Cinéma et mémoire. Sur Atom Egoyan*, Bruxelles, Académie royale de Belgique, collection L'Académie en poche, 2013.

Baronian, Marie-Aude, *Mémoire et image. Regards sur la catastrophe arménienne*, Genève, Éditions l'Âge d'Homme, 2013.

Bernier, Sylvie, « Ying Chen : s'exiler de soi », *Francofonia : Studi et ricerche sulle letterature di lingua francese*, volume 37, automne 1999.

Bhabha, Homi, « Discours d'ouverture », colloque *Mondialisation et postcolonialisme*, Musée d'art contemporain, Montréal, 5 octobre 2001.

Bissoondath, Neil, « Insecurity », dans *Digging Up the Mountains*, Toronto, Macmillan Press of Canada, 1986, p. 68-77.

Bissoondath, Neil, *Le marché aux illusions: la méprise du multiculturalisme*. Montréal, Boréal, Liber, 1995.

Bissoondath, Neil, *Selling Illusions: The Cult of Multiculturalism in Canada*, Toronto, Penguin Books, 1994.

Blaise, Clark, « Introduction », dans Michael J. Arlen, *Passage to Ararat*, Minnesota, Hungry Mind Press, 1996.

Bourque, Dominique et Nellie Hogikyan, *Femmes et Exils : formes et figures*, Québec, Presses de l'Université Laval, 2010.

Burnett, Ron, « Between the Borders of Cultural Identity : Atom Egoyan's Calendar », *CineACTION!*, automne 1993, p. 30-34.

Butler, Judith, « Afterward. After Loss, What Then? », dans David Eng et David Kazanjian (dir.), *Loss : The Politics of Mourning*, California, University of California Press, 2003, p. 467-473.

Caruth, Cathy, *Unclaimed Experience : Trauma, Narrative, and History*, Baltimore, Johns Hopkins University Press, 1996.

Chabot, Jocyline et Richard Godin, « Histoire, mémoire et médias : connaissance et reconnaissance du génocide arménien dans la presse québécoise, 1915-2005 », dans Martin Pâquet (dir.), *Faute et réparation au Canada et au Québec contemporains : Études historiques*, Québec, Nota Bene, 2006, p. 151-185.

Cheetham, Mark A., *La mémoire postmoderne : Essai sur l'art canadien contemporain*, Québec, Liber, 1992.

Chow, Rey, *The Protestant Ethnic and the Spirit of Capitalism*, New York, Columbia University Press, 2002.

Coquio, Catherine, *L'histoire trouée : négation et témoignage*, Nantes, L'Atalante, 2003.

De Vos, George A., « Ethnic Pluralism : Conflict and Accomodation », dans *Ethnic Identity : Creation, Conflilct, and Accomodation*, U.S.A., Altamira Press, 1996, p. 15-47.

Delaney, Marshall, « Ethnic Humour », *Saturday Night*, juin 1985, p. 53-55.

Deleuze, Gilles et Félix Guattari, *Mille Plateaux*, Paris, Éditions de Minuit, 1980.

Delvaux, Martine, *Histoires de fantômes: Spectralité et témoignage dans les récits de femmes contemporaines*, Montréal, Les Presses de l'Unviersité de Montréal, 2005.

Der Melkonian-Minassian, Chaké, *L'épopée populaire arménienne David de Sassoun. Étude critique*, Montréal, Presses de l'Université du Québec, 1972.

Derrida, Jacques, *Spectres de Marx : l'état de la dette, le travail du deuil et la nouvelle Internationale*, Paris, Éditions Galilée, 1993.

Derrida, Jacques, *Le Monolinguisme de l'autre*, Paris, Éditions Galilée, 1996.

Desbarats, Carole et al., *Atom Egoyan*, Paris, DisVoir, 1993.

Egoyan, Atom, « The Alienated Affections of Atom Egoyan », Interview with José Arroyo, *Cinema Canada*, n° 145, October 1987, p. 14-19.

Egoyan, Atom, « Entretien avec Atom Egoyan », Interview by Julia Reschop, *24 Images*, n° 67, été 1993, p. 62-66.

Egoyan, Atom, « Calendar », texte inédit, trad. Michel Sineux, *Positif*, n° 406, décembre 1994, p. 93-94.

Egoyan, Atom, « Entrevue avec Hamid Naficy : The Accented Style of the Independant Transnational Cinema », dans *Cultural Producers in Perilous States: Editing Events, Documenting Change*, Chicago & London, University of Chicago Press, 1997, p. 179-231.

Egoyan, Atom, « Atom Egoyan », dans Mario Falsetto, *Personal Visions : Conversations with Contemporary Film Directors*, Los Angelses, Silman-James Press, 2000, p. 119-152 .

Egoyan, Atom, « Director draws on family ties to tragedy », *National Post*, 2003, p. A1.

Egoyan, Atom, « In Other Words : Poetic Licence and the Incarnation of History », *University of Toronto Quarterly*, vol. 73, n° 3, été 2004, p. 886-905.

Egoyan, Atom, « Introduction », Antoine Agoudjian, *Les yeux brûlants, mémoire des Arméniens*, Paris, Photo Poche, Actes Sud, 2006.

Faimberg, H., « Le télescopage des générations », dans René Kaës (dir.), *Transmission de la vie psychique entre générations*, Paris, Dunod, Collection « Inconscient et Culture », 1993.

Fédida, Pierre, « Préface », dans Janine Altounian, *La survivance : Traduire le trauma collectif*, Paris, Dunod, 2000, p. vii-x .

Féron, Bertrand, « Note liminaire », *L'inquiétante étrangeté et autres essais*, Paris, Gallimard, 2003, p. 211-212 .

Freud, Sigmund (1919), *L'inquiétante étrangeté et autres essais*, Paris, Gallimard, 2003.

Gabriel, Teshome H., « The Intolerable Gift: Residues and Traces of a Journey », dans Hamid Naficy (dir.), *Home, Exile, Homeland: Film, Media, and the Politics of Place*, New York, Routledge, 1999.

Gaillard, Jean-Michel, *La famille en miettes*, Paris, Sand, 2001.

Gandhi, Leela, *Postcolonial Theory: A Critical Introduction*, New York, Columbia University Press, 1998.

Gauthier, Alain, *L'impact de l'image*, Paris, Éditions L'Harmattan, 1993.

Gilmore, Leigh, *Autobiographics : A Feminist Theory of Women's Self-Representation*, Ithaca, Cornell University Press, 1994.

Gilroy, Paul, « Nothing But Sweat Inside My Hand : Diaspora Aesthetics and Black Arts in Britain », dans Kobena Mercer (dir.), *ICA Documents 7 : Black Film, British Cinema*, London, Institute of Contemporary Art, p. 44-46.

Harel, Simon, « Demander refuge à la littérature : l'écriture expatriée de V.S. Naipaul », dans Pierre Ouellet et al (dir.), *Identités narratives. Mémoire et perception*, Québec, Presses de l'Université Laval, collection InterCultures, 2002, p. 7-20.

Hedetoft, Ulf et Mette Hjort (dir.), *The Postnational Self : Belonging and Identity*, Minneapolis, University of Minnesota Press, 2002.

Hedley, R. Alan, *Running Out of Control : Dilemmas of Globalization*, West Hartford, Kumarian Press, 2002.

Hirsch, Marianne, « Surviving Images : Holocaust Photographs and the Works of Post-memory », Yale Journal of Criticism, Spring 2001.

Hogikyan, Nellie, « De la mythation à la mutation : structures ouvertes de l'identité », dans Alexis Nouss (dir.), *Poésie, Terre d'exil*, Montréal, éditions Trait d'union, 2003, p. 51-60.

Hogikyan, Nellie, « Atom Egoyan's Post-exilic Imaginary : Representing Homeland, Imagining Family », dans Monique Tschofen et Jennifer Burwell (dir.), *Image and Territory : Essays on Atom Egoyan*, Waterloo, Wilfrid Laurier University Press, 2006, p. 193-217.

Hogikyan, Nellie, « Les récits de survivance de la diaspora arménienne: raconter l'histoire, sauver la communauté », dans Christiane Kègle (dir.), *Les récits de survivance. Modalités génériques et structures d'adaptation au réel*, Québec, Presses de l'Université Laval, 2007, p. 165-188.

Hogikyan, Nellie, « Le Québec à l'écoute : génocide, transmission et migration », Journal international de victimologie, no. 20, année 7, 2009, JIDV.com.

Hogikyan, Nellie, Simon Harel et Michel Peterson, *La survivance en héritage: passages de Janine Altounian au Québec*, Québec, Presses de l'Université Laval, collection « InterCultures », 2012.

Hovanessian, Martine, « L'écriture du génocide des Arméniens : un texte à plusieurs voix », *Journal des anthropologues*, n° 75, 1998, p. 63-84.

Hovanessian, Martine, *Le lien communautaire. Trois générations d'Arméniens*, Paris, Armand Colin Éditeur, 1992.

Hutcheon, Linda, *The Canadian Postmodern : A Study of Contemporary Englsih Canadian Fiction*, Toronto, Oxford University Press, 1988.

Hutcheon, Linda et Marion Richmond, *Other Solitudes*, Toronto, Oxford University Press, 1990.

Ignatieff, Michael, *Blood and Belonging: Journeys into the New Nationalism*, Great Britain, BBC Books, 1993.

Ilie, Paul, *Literature and Inner Exil : Authoritarian Spain, 1939-1975*, Baltimore, Johns Hopkins University Press, 1980.

Iverson, Barry, « Van-Leo: Master Cairo Portrait Photographer », Exhibition catalogue essay, Van-Leo: A Moveable Feast, Cairo:Adham Centre, Sony Gallery For Photography, October 14 to November 5, 1998. [Webpage]. 1998 [cité, 28 octobre 2004], [En ligne], http://www.adhamonline.com/Sony%20Gallery/Van%20Leo/iverson.htm, consulté le 10 décembre 2006.

Jeammet, Phillipe, « Au risque de l'attachement », dans Dekeuwer-Défossez et coll., *Inventons la famille !*, Paris, Éditions Bayard, 2001.

Juteau, Danielle, *L'ethnicité et ses frontières*, Montréal, Presses de l'Université de Montréal, 1999.

Kaprielian-Churchill, Isabel, *Like Our Mountains : A History of Armenians in Canada*, Montréal, McGill Queens Press, 2005.

Kaës, René et coll., *Transmission de la vie psychique entre générations*, Paris, Dunod, Collection « Inconscient et Culture », 1993.

Kassabian, Anahid and David Kazanjian, « Melancholic Memories and Manic Politics : Feminism, Documentary, and the Armenian Diaspora », In *Feminism and Documentary*, ed. Diane Waldman and Janet Walker, Minneapolis : University of Minnesota Press, 1999, p. 202-223.

Kristeva, Julia, *Étrangers à nous-mêmes*, Paris, Folio, 1991.

Kuyumjian, Rita Soulahian, « I Will Not Be Sad in This World », Compte-rendu, *Armenian Forum*, Gomidas Institute, Mars 2002.

Kuyumjian, Rita Soulahian, *Archaeology of Madness: Portrait of an Armenian Icon*, London, Gomidas Institute, 2010.

LaCapra, Dominic, *Writing History, Writing Trauma*, Baltimore and London, John Hopkins University Press, 2001.

Lageira, Jacinto, « Le souvenir des morceaux épars », dans Carole Desbarats et al., *Atom Egoyan*, Paris, DisVoir, 1993.

Leach, Jim, « The Reel Nation: Image and Reality in Contemporary Canadian Cinema », Canadian Journal of Film Studies, No. 11.2, Fall 2002, p. 2-188.

Leutrat, Jean-Louis, « Next of Kin », dans Murielle Gagnebin (dir.), *Cinéma et inconscient*, Seyssel, Champ vallon, 2003, p. 101-105.

Lonchampt, Bruno, « L'identité culturelle en exil : la culture tibétaine à la recherche de ses territoires », dans Jean-Pierre Saez (dir.), *Identités, cultures et territoires*, Paris, Desclée de Brouwer, 1995, p. 241-252.

Marks, Laura, *The Skin of the Film : Intercultural Cinema, Embodiment and the Senses*, Durham & London, Duke University Press, 2000.

Matossian, Nouritza (1998), *Black Angel : A Life of Arshile Gorky*, London, Pimlico, 2001.

McClennen, Sophia A., *The Dialectics of Exile: Nation, Time, Language, and Space, in Hispanic Literatures*, Indiana, Purdue University Press, 2004.

Mohanty, Satya, « The Epistemic Status of Cultural Identity : On Beloved and the Postcolonial Condition », dans Paula Moya et Michael Hames-Garcia (dir.), *Reclaiming Identity : Realist Theory and the Predicament of Postmodernism*, Berkley, University of California Press, 2000, p. 29-66.

Moro, Marie-Rose, *Parents en exil : Psychopathologie et migrations*, Paris, PUF, 1994.

Moro, Marie-Rose et Anne Révah-Lévy, « Soi-même dans l'exil », dans René Kaës et coll., *Transmission de la vie psychique entre générations*, Paris, Dunod, Collection « Inconscient et Culture », 1993.

Naficy, Hamid (dir.), *Home, Exile, Homeland : Film, Media, and the Politics of Place*, New York et Londres, Routledge, 1999.

Naficy, Hamid, *An Accented Cinema : Exilic and Diasporic Filmmaking*, New Jersey, Princeton University Press, 2001.

Nancy, Jean-Luc, *La communauté désœuvrée*, Paris, Christian Bourgois Éditeur, 1990.

Nichanian, Marc, *Âges et usages de la langue arménienne*, Paris, Entente, 1989.

Nichanian, Marc, « États de la langue arménienne », dans Khatoune Témisjian et al, *La langue arménienne : défis et enjeux*, Montréal, Centre des langues patrimoniales de l'Université de Montréal, 1995.

Nichanian, Marc, « Avons-nous vraiment perdu la langue à l'étranger ? » *TTR : Études sur le texte et ses transformations*, vol. 14, n° 2, 2001, p. 141-166.

Nichanian, Marc, *Writers of Disaster: Armenian Literature in the Twentieth Century*, Vol.1, Princeton and London, The Gomidas Institute Press, 2002.

Nouss, Alexis, « La traduction, qu'est-ce à dire ? Phénoménologies de la traduction », sous la direction d'Alexis Nouss, in *META*, vol. 40, n° 3, 1995, p. 335-342.

Nouss, Alexis, « Expérience et écriture du post-exil », dans Pierre Ouellet (dir.), *Le soi et l'autre : L'énonciation de l'identité dans les contextes interculturels*, Sainte-Foy, Les Presses de l'Université Laval, 2003.

Nouss, Alexis, *Plaidoyer pour un monde métis*, Paris, Textuel, 2005.

Ong, Aihwa, *Flexible Citizenship: The Cultural Logics of Transnationality*, USA, Duke University Press,1999.

Ong, Aihwa et Donald Nonini, (dir.), *The Underground Empire : The Cultural Politics of Modern Chinese Transnationalism*, New Jersey, Routledge, 1997.

Ouellet, François, *Passer au rang du père: identité sociohistorique et littéraire au Québec*, Québec, Éditions Nota bene, 2002.

Panossian, Razmik, *The Armenians : From Kings and Priests to Merchants and Commissars*, New York, Columbia University Press, 2006.

Perec, Georges, *Récits d'Ellis Island. Histoires d'errance et d'espoir*, Paris, Éditions du sorbier, 1980, p, 44.

Peroomian, Rubina, *Literary Responses to Catastrophe. A Comparison of the Armenian and the Jewish Experience*, Atlanta, Scholars Press, 1993.

Pines, Jim et Paul Willemen, (eds.), *Questions of Third Cinema : Notes and Reflctions*, Londres, British Film Institute, 1989.

Piralian, Hélène, *Génocide et transmission : sauver la mort, sortir du meurtre*, Paris, L'Harmattan, 1994.

Piralian, Hélène, « Rupture de transmission et violence », dans Anny Combrichon (dir.), *Psychanalyse et décolonisation*, Paris, L'Harmattan, 1999, p. 143-154.

Reschop, Julia, « Entretien avec Atom Egoyan », *24 Images*, n° 67, été 1993, p. 62-66.

Robin, Régine, « Postface », *La Québécoite*, Montréal, Éditions Typo, 1993.

Robin, Régine, *Berlin chantiers: essai sur les passés fragiles*, Paris, Stock, 2001.

Robin, Régine (1993), *Le deuil de l'origine : une langue en trop, une langue en moins*, Paris, Éditions Kimé, 2003.

Rollet, Sylvie, « Le lien imaginaire : une poétique cinématographique de l'exil », *Positif*, mai 1996, n° 435, p. 100-106.

Rollet Sylvie, « Next of Kin. Le fil(s) retrouvé », dans Murielle Gagnebin (dir.), *Cinéma et Inconscient*, Seyssel, Éditions Champ Vallon, 2001, p. 106-111.

Romney, Jonathan, « Exploitation », *Sight and Sound*, May 1995, pp. 6-8.

Romney, Jonathan, *Atom Egoyan. World Director Series*, London, British Film Institute, 2003.

Rousso, Henry, *La hantise du passé*, Paris, Textuel, 1998.

Rowe, Victoria, *A History of Armenian Women's Writing : 1880-1922*, London, Cambridge Scholars Press Ltd., 2003.

Roy, André, « Une machine célibataire », *24 Images*, nº 67, été 1993, p. 65.

Said, Edward W., « Reflections on Exile », *Granta* 13, Autumn 1984, p. 157-172.

Said, Edward W., « *Réflexions sur l'exil* », dans Edward Said, *Réflexions sur l'exil et autres essais*, traduit de l'anglais (États-Unis) par Charlotte Woillez, Paris, Actes Sud, 2008.

Saint-Martin, Lori, *Le nom de la Mère. Mères, filles et écriture dans la littérature québécoise au féminin*, Québec, Éditions Nota Bene, 1999.

Sarafian, Nigoghos (1947), *Le Bois de Vincennes*, trad. Anahide Drézian, Marseille, Parenthèses, 1993.

Seidel, Michæl, *Exile and the Narrative Imagination*, New Haven, Yale UP, 1986.

Shary, Timothy, « Video As Accessible Artifact and Artificial Access : The Early Films of Atom Egoyan », *Film Criticism 19.2*, Spring 1995, p. 2-29.

Shirinian, Lorne, *Quest for Closure : The Armenian Genocide and the Search for Justice in Canada*, Kingston, Blue Heron Press, 1999.

Shirinian, Lorne, *Rough Landing*, Kingston, Blue Heron Press, 2000.

Shirinian, Lorne, *Memory's Orphans* Kingston, Blue Heron Press, 2003.

Shirinian, Lorne, *Exile in the Cradle*, Kingston, Blue Heron Press, 2003.

Shirinian, Lorne, *This Dark Thing : Two One Act Plays*, Kingston, Blue Huron Press, 2004.

Shirinian, Lorne et Alan Whitehorn, *The Armenian Genocide : Resisting the Inertia of Indifference*, Kingston, Blue Heron Press, 2001.

Sibony, Daniel, *Entre-deux : l'origine en partage*, Paris, Points, 1991.

Simond, Clotilde, *Esthétique et schizophrénie*, Éditions L'Harmattan, 2004.

Siraganian, Lisa, « 'Is This My Mother's Grave ?' : Genocide and Diaspora in Atom Egoyan's Family Viewing », *Diaspora*, vol. 6, n° 2, 1997, p. 127-154.

Smart, Patricia, *Écrire dans la maison du père: l'émergence du féminin dans la tradition littéraire du Québec*, Montréal, Éditions Québec/Amérique, 1988.

Strauss, Frédéric, « Family Viewing », *Cahiers du cinéma*, n° 421, 1989, p. 51.

Tabori, Paul, *The Anatomy of Exile: A Semantic and Historical Study*, London, Harrap, 1972.

Talaat Pacha (1915), cité dans Hélène Piralian, *Génocide et transmission : sauver la mort sortir du meurtre*, Paris, L'Harmattan, 1994.

Tchilingirian, Hratch, 2000, « Reinventing Life », *Armenian International Magazine* 11, no. 4 (April), p. 42-47.

Tisseron, Serge et coll., *Le psychisme à l'épreuve des générations. Clinique du fantôme*, Paris, Dunod, 1995.

Tisseron, Serge, « Récit de soi et nouvelles technologies », dans *Identités narratives*, Québec, Les Presses de l'Université Laval, 2002.

Tölölyan, Khatchig, « Cultural Narrative and the Motivation of the Terrorist », *Journal of Strategic Studies 10*, n° 4, 1987, p. 217-233.

Vanier, Alain, « Érosion de la fonction paternelle dans le monde 'décolonisé' », dans Anny Combrichon (dir.), *Psychanalyse et décolonisation*, Paris, L'Harmattan, 1999.

Yeghicheyan, Vahan, « Des problèmes de filiation après le vécu collectif d'un génocide (à propos de la minorité arménienne en diaspora) », *Revue française de psychanalyse*, n° 4, 1983, p. 971-985.

Zaatari, Akram, « Van-Leo, The Discipline of a Rebel », The Arab Image Foundation [Webpage]. [cited December 3, 2004], [En ligne], http://www.adhamonline.com/Sony%20Gallery/Van%20Leo/virt_vanleo.html.11.

Žižek, Slavoj, *Plaidoyer en faveur de l'intolérance*, Climats, Flammarion, 2004.

Filmographie

Armani, Nora et Haroutiun Katchatrian, *Last Station*, Erevan, Armenfilm Studios and Parev Productions, 1994, 93 minutes.

Artinian, Araz, *Le génocide en moi* , Québec/Canada, InformAction, 2005, 53 minutes.

Artinian, Araz, *Survivre l'échelle de Richter*, vidéo, v.o. française et arménienne, Productions Araz Artinian enr., Canada, 1998, 45 minutes et 30 secondes.

Askarian, Don, *Avetik*, Allemagne, FIAF, 1992, 84 minutes.

Binet, Marie, *Noir Comment ?* Documentaire, RTBF Liège, Kréol Productions-Atipa-RFO, France, 2002, 52 minutes.

Bogosian, Theodore, *An Armenian Journey*, É.U., 1988, 58 minutes.

Egoyan, Atom, *Next of Kin*, Canada, Connoisseurs vidéos, anglais, 1984, 72 minutes.

Egoyan, Atom, *Family Viewing*, Canada, Cinephile, anglais, 1987, 86 minutes.

Egoyan, Atom, *Speaking Parts*, Canada, Ego Film Arts et Telefilm Canada, anglais, 1989, 92 minutes.

Egoyan, Atom, *En passant*, dans *Montréal vu par–six variations sur un thème*, Canada, Atlantis Films, Québec, Cinémaginaire International, 1991, 20 minutes.

Egoyan, Atom, *Calendar*, Canada, Germany, Armenia, Zeitgeist Films, anglais et arménien, 1993, 74 minutes.

Egoyan, Atom, *Ararat*, Canada, France, Miramax Films, anglais, français, arménien et allemand, 2002, 115 minutes.

Goutsouzian, Hagop, *Mon fils sera arménien*, Québec/Canada, ONF, 2004, 85 minutes.

Guédiguian, Robert, *Le voyage en Arménie*, France-Arménie, Agat Films & Cie, 2006, 125 minutes.

Hatoum, Mona, *Measures of Distance*, Montréal, Canada, Groupe Intervention Vidéo, 1988, 17 minutes.

Kureishi, Hanif, *My Son the Fanatic*, Prod. British Broadcasting Corporation, 1998, 87 minutes.

IX. Annexe 1

Poème de William Saroyan
Armenia
I should like to see any power in this world destroy this race,
this small tribe of unimportant people whose history is ended,
whose wars have been fought and lost,
whose structures have crumbled,
whose literature is unread,
whose music is unheard,
and whose prayers are no more answered.
Go ahead, destroy this race! destroy Armenia!
See if you can do it.
Send them from their homes into the desert.
Let them have neither bread nor water.
Burn their homes and churches.
Then, see if they will not laugh again, see if they will not sing and pray again.
For, when two of them meet anywhere in the world,
see if they will not create a New Armenia.
William Saroyan (1908-1981)

Traduction française du poème de William Saroyan

Arménie
J'aimerais bien voir qu'une quelconque puissance au monde
Parvienne à détruire cette race,
Cette petite tribu de gens sans importance
Dont toutes les guerres menées ont été perdues,
Dont les structures se sont effondrées,
La littérature cessée d'être lue,
La musique d'être entendue,
Et dont les prières ne reçoivent plus de réponse.
Allez-y, détruisez l'Arménie.
Voyons si vous y arrivez.
Envoyez-les dans le désert sans pain ni eau.
Brûlez leurs maisons et leurs églises.
Et vous verrez s'ils ne rient,
Ne chantent et ne prient à nouveau.
Car quand deux d'entre eux se rencontrent quelque part dans le monde,
Voyez s'ils ne créent pas une nouvelle Arménie.

William Saroyan (1908-1981)

Table des matières

Remerciements 7
Avant-propos *9*
Chapitre I. Introduction : Atom Egoyan.
Exil, post-exil et la diaspora arménienne 17
    1.1. Le cadre théorique : l'exil au pluriel............................ 18
        1.1.1. Les nouveaux paradigmes de l'exil 22
        1.1.2. Exil, diaspora, post-exil..23
    1.2. Exil et cinéma. Le post-exil chez Atom Egoyan 25
    1.3. Paradigmes actuels : postnationalisme,
    post-ethnicité..29
    1.4. Le contexte du multiculturalisme canadien................ 34
    1.5. Hybridité, ethnicité, et le cinéma canadien 35
    1.6. La diaspora arménienne : une histoire d'éclatement .. 37
    1.7. Les avatars d'Egoyan : « Mirage de la centralité »
    et la fin de la littérature arménienne occidentale............ 40
    1.8. Création artistique post-catastrophique et passage en
    Occident 42
    1.9. Post-exil et généalogies disloquées 45
    1.10. Territoire et image 47
    1.11. Le cinéma de la perte... 49

    1.12. Le post-pertum des personnages d'Egoyan...............50

    1.13. Culture « submergée » et transmission
par les femmes..51

    1.14. Diaspora et Génocide : le retour du refoulé 56

    1.15. La transmission psychique d'un effondrement
collectif..57

    1.16. Conclusion 58

Prélude à l'analyse des deux premiers films **61**

    1. Immigration, ethnicité et multi/interculturalisme
canadiens : ***Next of Kin*** et ***Family Viewing*** **61**

        1.1.Immigration et (post-)ethnicité 64

            1.1.1. Le contexte canadien des années 80 :
multiculturalisme, famille et ethnicité 65

**CHAPITRE II. *Next of Kin* : l'histoire d'une nouvelle
famille canadienne**..**69**

    2.1. Introduction : ***Next of Kin*** ou une histoire
d'adoption... 69

    2.2. Qui est Peter? 72

    2.3. Déplacement et diaspora 73

        2.3.1. Les identités déplacées 73

        2.3.2. L'identité en transit 75

        2.3.3. Ethnicité et performance de l'identité................. 76

    2.4. Transmission discontinue et dissociation 82

        2.4.1. L'origine non filmée... 83

        2.4.2. Les passés absents et la reterritorialisation 84

        2.4.3. Les parents en exil et la dissociation chez
leurs enfants 86

        2.4.4. Transmission et transgression : un père
qui n'arrive plus à transmettre 88

2.5. Logique de la dissociation et contradiction :
de *Next of Kin* à *Family Viewing* 91
CHAPITRE III. *Family Viewing* ou après l'immigration :
quelle origine pour la famille postmoderne ? 95
   3.1. *Family Viewing* ou le postmodernisme canadien 96
      3.1.1. Le contexte canadien du postmodernisme des
      années 80 96
      3.1.2. Postmodernisme et passé 98
   3.2. Après l'éclatement 100
      3.2.2. *Family Viewing* :
      le couple famille-technologie 101
   3.3. Le père et l'autorité médiatique dans
   Family Viewing 102
      3.3.1. Père Tout-puissant et nouvelle autorité 104
   3.4. Dissociation, mémoire et intermédialité 105
   3.5. Image, générations et société 107
   3.6. Effacement du lien au passé et substitution 108
   3.7. Conclusion 111
CHAPITRE IV. Identité nationale et représentations
du pays d'origine dans *Calendar* : discontinuité
et aliénation 113
   4.1. Introduction 114
   4.2. Trois identités arméniennes 115
   4.3. L'identité et l'appartenance : nation, langage
   et représentation 117
   4.4. Mémoire des lieux de l'origine : esthétique
   des ruines et d'absence 123
   4.5. Aliénation de l'origine : performer l'absence,
   l'abstraction et la dissociation 126

4.6. Le père de la nation 132
4.7. Représentation/présentation 135
4.8. L'entre-deux 139
    4.8.1. La séparation constitutive................................. 140
4.9. La Déterritorialisation 142
4.10. Conclusion... 144

CHAPITRE V. Filmer le génocide dans *Ararat* :
Histoire, déplacement, représentation 145
    5.0. Introduction 146
    5.1. Les enjeux de l'interculturel, ici et ailleurs 149
    5.2. La question du père, le tiers et le métissage 152
    5.3. Passé, présent et représentation 153
    5.4. Histoire et distanciation 155
    5.5. La post-mémoire 157
    5.6. Déplacements et dissociations 158
    5.7. Première mise en abyme : Mémoire survivante
    des lieux... 160
    5.8. Le Mont Ararat, Ani ou les symboles de
    déplacements 162
    5.9. Deuxième mise en abyme :
    au-delà de la post-mémoire 164

CHAPITRE VI. Réclamer l'Histoire : Culture survivante,
transmission
et réparation dans *Ararat* 169
    6.1. La Culture survivante et l'effacement
    de la mémoire 169
    6.2. Culture survivante et langue maternelle :
    l'intime et le public 172
    6.3. Les héritiers de la survivance 174

6.4. Trauma et transmission intergénérationnelle
de la survivance 176
6.5. Raconter l'Histoire 178
 6.5.1. L'intégration de la part (de l'histoire)
 arménienne.. 179
 6.5.2. Réclamer l'Histoire: identité, communauté
 et émotion 181
 6.5.3. Génocide et discours social : résistance
 et terrorisme 182
 6.5.3.1. Le terrorisme arménien 184
 6.5.4. Identité et post-témoignage............................. 187
6.6. L'empire du déni... 191
 6.6.1. Déni et médias 192
6.7. Transmission et meurtre du Symbolique 194
6.8. Conclusion : témoignage et réparation 196

VII. Conclusion
Imaginaire de l'extrême 199
7.1. Familles imag-inées ou la passion
de la représentation 199
7.2. Médias et distance..200
7.3. Reconstruction (Re-membering) de la famille 202
7.4. Substitution et inceste : imaginaire de l'extrême 205

VIII. Bibliographie...209
Filmographie 223
IX. Annexe 1..225

L'Arménie

aux éditions L'Harmattan

Dernières parutions

LES ÉTATS-UNIS AU SUD CAUCASE POST-SOVIÉTIQUE
(Arménie, Azerbaïdjian, Géorgie)
Julien Zarifian
Préface de Pierre Mélandri
Comment les États-Unis sont-ils devenus des acteurs géopolitiques incontournables dans les domaines diplomatiques, militaires et géoéconomiques du Sud Caucase (Arménie, Azerbaïdjan, Géorgie) ? Quels ont été les enjeux, les grands traits et les résultats de cette implantation ? Les Etats-Unis y ont-ils pour autant évincé leurs concurrents régionaux que sont la Russie, l'Iran, voire la Turquie et l'Union Européenne ?
ISBN : 978-2-296-99118-7 • juin 2012 • 272 pages • 27 €

ARMÉNOUHIE
De retour à Erevan...
Roman
Marc Girard
Arménouhie c'est le prénom de cette petite fille, née en Arménie en 1981. Après une enfance relativement heureuse sous l'ère soviétique, elle vécut avec sa famille plusieurs drames successifs qui vont impacter fortement et durablement l'avenir de l'Arménie. A travers l'histoire de cette jeune femme, l'auteur nous invite à la découverte de l'Arménie, ses magnifiques paysages de montagne, ses sites sublimes, ses richesses historiques et culturelles.
ISBN : 978-2-296-96223-1 • mai 2012 • 226 pages • 23,5 €

MOSAÏQUE DE PROSES CONTEMPORAINES D'ARMÉNIE
suivi de Entre effervescence et fermentation
Elisabeth Mouradian Venturini, Serge Venturini
Traduction d'Elisabeth Mouradian et Pierre Ter-Sarkissian
Voici 17 nouveaux auteurs d'Arménie d'aujourd'hui encore inconnus du lecteur français. Avec cinq femmes et douze hommes, cette mosaïque de proses est un instantané de littérature contemporaine du début du XXIe siècle. Elle n'est en aucun cas une anthologie, mais s'avère être un libre choix dans «la guerre du goût» établi par la traductrice Elisabeth Mouradian. Cette présentation d'écrivains est suivie d'un regard critique du poète arménophile français Serge Venturini.
ISBN : 978-2-296-96058-9 • mars 2012 • 162 pages • 16,5 €

ANAHIDE, UNE MÉMOIRE ARMÉNIENNE
Guy Donikian
Voici le récit d'une vieille dame arménienne qui raconte sa vie depuis le génocide, en 1915, auquel elle échappe alors qu'elle n'est qu'une adolescente. Son exil, avec son jeune frère et une tante, seuls rescapés de la famille, la conduira en France. De Marseille, où elle débarque, elle se retrouvera à Saint-Chamond, dans la Loire, puis à Vienne, où elle finira ses jours. Elle accorde une place importante au «Kemp», le ghetto des années 20 qui disparaîtra au début des années 60. Les dialogues qu'elle aura eus avec son petit-fils offrent ici une mémoire entre les générations d'Arméniens.
ISBN : 978-2-296-13832-2 • janvier 2011 • 228 pages • 21,5 €

40 ANS AU SERVICE DE L'ÉGLISE ARMÉNIENNE APOSTOLIQUE
Compendium
Albert Khazinedjian
L'Arménie fut de tout temps le poste avancé de la civilisation occidentale en Asie. Les montagnes arméniennes furent le roc sur lequel se brisèrent les invasions à destination de l'Europe. L'Arménie réduite à 1/10 de sa superficie reste une forteresse occidentale dans le Caucase. Tout au long de ses allocutions, adressées aux hauts dignitaires des Églises et hommes politiques, l'auteur expose sans haine ni acrimonie des vérités inédites concernant sa communauté.
ISBN : 978-2-296-10384-9 • janvier 2010 • 158 pages • 15,5 €

LA COMMUNAUTÉ ARMÉNIENNE DE MARSEILLE
Quatre siècles de son histoire
Stephan Boghossian
La présence arménienne sur les bords du Lacydon ne date pas seulement du Génocide de 1915 ; les Arméniens participent en fait à la vie marseillaise depuis déjà quatre siècles, et lui ont apporté leur culture, leurs coutumes, leur savoir-faire, leur volonté d'intégration, leur attitude citoyenne, et ce depuis le Siècle des lumières jusqu'à aujourd'hui. Cet ouvrage est celui d'un marseillais 100% français et 100% arménien qui a cherché à apporter autant de témoignages, de documents et d'éléments factuels pour décrire toutes les facettes de l'histoire et la vie des Arméniens de Marseille.
ISBN : 978-2-296-09644-8 • septembre 2009 • 332 pages • 31 €

ROUGE ARMÉNIEN
Roman
Sonia Colin, Françoise Estival
Préface de Miguel Benasayag
Rouge et arménien comme le fichu de Diana, jeune arménienne débarquant dans la classe de Valentin, insouciant lycéen d'une section littéraire à option musique. Rouge comme la relation Valentin-Diana. Arménien comme leur courage. Arméniens comme les papiers d'Arménie, mais ici les papiers qui manquent. Arménien «sans-papiers». Ce roman nous donne à voir de l'intérieur ce que vivent les personnes à qui on refuse de délivrer un titre de séjour. Il repose sur des faits réels et actuels.
ISBN : 978-2-296-09052-1 • juillet 2009 • 190 pages • 18 €

ARMÉNIE : DE L'ABÎME AUX CONSTRUCTIONS D'IDENTITÉ
Sous la direction de Denis Donikian et Georges Festa
Ces contributions évoquent les ondes de chocs aux résonances multiples provoquées par la déflagration génocidaire de 1915. Le pluralisme des interventions permet des ouvertures, des percées inhabituelles, des rapprochements culturels. C'est moins l'austérité de l'histoire qui est ici convoquée qu'une quête de sens opérant dans toutes les directions possibles de l'esprit.
ISBN : 978-2-296-09191-7 • octobre 2009 • 246 pages • 24 €

LE GOLGOTHA DE L'ARMÉNIE MINEURE
Le destin de mon père
Jean-Varoujean Gureghian – Préface d'Yves Ternon
Traduit en turc, ce livre a rencontré un réel succès en Turquie où après un siècle de silence on parle de plus en plus des «événements» de 1915. Récemment, des intellectuels turcs ont lancé un appel demandant pardon aux Arméniens et ont recueilli quelque dizaines de milliers de signatures. Cette nouvelle édition coïncide avec le massacre de 1909 en Cilicie. C'était là pour les jeunes Turcs le ballon d'essai d'un projet diabolique : l'anéantissement d'une nation dans le but de s'approprier définitivement ses terres.
ISBN : 978-2-296-08315-8 • juin 2009 • 335 pages • 29 €

PARLONS ARMÉNIEN
Michel Malherbe, Elisabeth Mouradian Venturini
Cet ouvrage vous permettra de découvrir ou redécouvrir l'Arménie, sa culture, à travers sa langue et son alphabet, qui au cours des siècles devint avec le christianisme un rempart puissant face à l'envahisseur aux carrefours entre l'Orient et l'Occident. L'Arménien n'a pas connu de ramifications et conserve, sans doute, les structures linguistiques les plus proches possibles et imaginables avec la protolangue indo-européenne.
ISBN : 978-2-296-04534-7 • janvier 2008 • 342 pages • 32,5 €

LE LIEN COMMUNAUTAIRE
Trois générations d'Arméniens
Martine Hovanessian
Le lien communautaire, ce sont les récits d'une nouvelle territorialisation, la refondation d'un langage collectif et de nouveaux cadres sociaux de la mémoire, les dynamiques de transmission entre des générations à partir des fragments réappropriés d'une histoire nationale pulvérisée. Il ne s'agit pas ici d'une simple monographie locale sur les identifications de la minorité arménienne nouées à un lieu, mais d'un travail anthropologique sur des identités narratives produites en situation d'exil extrême.
ISBN : 978-2-296-02869-2 • mars 2007 • 326 pages • 27,5 €

LES HÉRITIERS DU PAYS OUBLIÉ
Arménie, Arménies 1922-1987
Jacques Der Alexanian
Les Arméniens sont arrivés en France en 1924, venant de Syrie, survivants du grand massacre de 1915 qui, en Turquie, a anéanti les trois quarts de leur peuple. Très vite,

ces hommes et ces femmes s'intègrent dans la société française. Bientôt, les voici français ; cependant, dans leur coeur, toujours arméniens. Une histoire exemplaire, que cet ouvrage fait revivre à travers le destin des siens et de quelques autres, en France et partout dans le monde où les tempêtes de l'histoire ont dispersé ce peuple.
ISBN : 978-2-296-02332-1 • *février 2007* • *480 pages* • *38 €*

L'HARMATTAN ITALIA
Via Degli Artisti 15; 10124 Torino

L'HARMATTAN HONGRIE
Könyvesbolt ; Kossuth L. u. 14-16
1053 Budapest

L'HARMATTAN KINSHASA
185, avenue Nyangwe
Commune de Lingwala
Kinshasa, R.D. Congo
(00243) 998697603 ou (00243) 999229662

L'HARMATTAN CONGO
67, av. E. P. Lumumba
Bât. – Congo Pharmacie (Bib. Nat.)
BP2874 Brazzaville
harmattan.congo@yahoo.fr

L'HARMATTAN GUINÉE
Almamya Rue KA 028, en face du restaurant Le Cèdre
OKB agency BP 3470 Conakry
(00224) 657 20 85 08 / 664 28 91 96
harmattanguinee@yahoo.fr

L'HARMATTAN CAMEROUN
BP 11486
Face à la SNI, immeuble Don Bosco
Yaoundé
(00237) 99 76 61 66
harmattancam@yahoo.fr

L'HARMATTAN CÔTE D'IVOIRE
Résidence Karl / cité des arts
Abidjan-Cocody 03 BP 1588 Abidjan 03
(00225) 05 77 87 31
etien_nda@yahoo.fr

L'HARMATTAN MAURITANIE
Espace El Kettab du livre francophone
N° 472 avenue du Palais des Congrès
BP 316 Nouakchott
(00222) 63 25 980

L'HARMATTAN SÉNÉGAL
10 VDN en face Mermoz, après le pont de Fann
BP 45034 Dakar Fann
33 825 98 58 / 33 860 9858
senharmattan@gmail.com / senlibraire@gmail.com
www.harmattansenegal.com

L'HARMATTAN BÉNIN
ISOR-BENIN
01 BP 359 COTONOU-RP
Quartier Gbèdjromèdé,
Rue Agbélenco, Lot 1247 I
Tél : 00 229 21 32 53 79
christian_dablaka123@yahoo.fr

629861 - Novembre 2015
Achevé d'imprimer par